ほぼ本邦初紹介！

世界の絶景温泉

絶景温泉探検家
鈴木浩大

みらい PUBLISHING

はじめに　～こころが沸き立つような温泉をめぐる旅～

温泉は世界中で湧いている。台湾の温泉は日本人にも人気があり、トルコのパムッカレ石灰棚やアメリカのイエローストーン国立公園の温泉は世界遺産に登録されている。ドイツのバーデンバーデンやチェコのカルロヴィヴァリなど、ヨーロッパには歴史ある温泉保養地も多い。

旅番組やウェブ記事で海外の温泉を知った人や、海外旅行で体験した人は少なくないと思う。とはいえ、「水着を着て、単なる温水プールに浸かる温泉でがっかりした」という声も多い。確かに、学校のプールのような長方形の「浴槽」に浸かって、温泉情緒を感じるのは難しい。

それは、日本人が「五感」のすべてで温泉を感じているためである。硫黄や鉄の臭い、白、黄色、茶色など、目にも鮮やかな濁り湯の色彩、全身に気泡がまとわりつく炭酸泉、肌がツルツルとするアルカリ泉の触感、口に含んだ時の適度な酸味や苦味、海を臨む絶景に波の音、深山幽谷の風景に野鳥のさえずり。さまざまな要素が温泉の楽しみを増している。

日本人の「五感」を満たすような素晴らしい温泉は世界各地で湧いている。だが、日本で知られているのはほんの一握りに過ぎない。本書では、**あまり知られていない海外の温泉のうち、ビジュアル性の高いものを厳選して紹介**する。インターネットの普及で、世界中の情報は瞬時に入手できるが、日本語での検索には限界がある。本書で「ほぼ初紹介」と謳ったのは、日本語による紹介や訪問記が見つからない温泉という意味である。とはいえ、情報は日々アップデートされる。筆者が訪れた時点では「未知」だったが、数年するとブログやSNSで紹介されている温泉もいくつかある。このため、「ほぼ」初紹介と題することにした。「タイトルに偽りあり」と目くじらを立てず、世にも珍しい絶景温泉を楽しんでほしい。

世界の温泉5つの楽しみ方

筆者が国内の温泉巡りを始めたのは約40年前。インターネットはもちろん、デジカメもスマホもカーナビもなかった。まもなく、野趣あふれる「野湯」探しがブームになったが、入手できる情報は限られている。温泉の位置が記された国土地理院の地図とコンパス、雑誌の切り抜きを手に、山に入って野湯を探すのはドキドキ・ワクワクの連続。まさに冒険のようだった。

今は、ネットを使えばほとんどの野湯が簡単に見つかる。やがて有名な温泉は入りつくしてしまった。なんとなく物足りなくなってきた20年ほど前、海外の温泉に興味をもった。インターネットが普及し、航空券や海外ホテルの予約が簡単になった時期とも重なる。わずかな情報を頼り

1 析出物

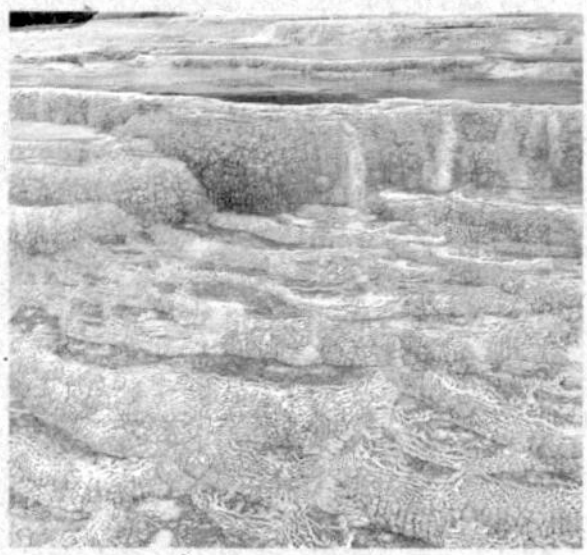

お湯に溶けていた豊富な温泉成分が固体となって蓄積したもの。日本にはないような巨大な析出物は迫力満点で、まさに圧倒される。

2 景観

宿を選ぶ際に、立地や眺望を重視する人は多い。海外にも素晴らしい景観の温泉が山ほどあるが、行きにくい場所が多く知られていない。

3 噴泉・気泡湯

に海外の温泉を旅するうちに、あのころのドキドキ・ワクワクがよみがえってきた。

「この道でよいのか」「無事にたどり着けるか」という不安感。「あの建物じゃないか」「硫黄の臭いがするぞ」という期待感。湧き出す源泉や鮮やかな濁り湯を目にしたときの高揚感。長い時間をかけてようやく念願の温泉に浸かったときの達成感……。

そんな気持ちが伝わるようにと、本書を執筆した。臭いや味や肌触りは伝えられないので、目で楽しんでもらうべく、次のように5つの章を設けている。

さあ一緒に、世界の知られざる温泉を旅してみよう。

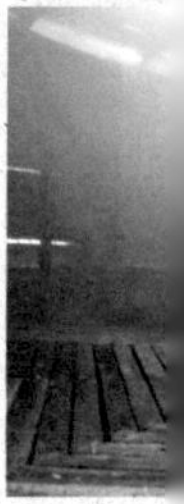

勢いよく噴き上げる噴泉や、身体を覆いつくす泡つきの湯。桁違いの噴泉・気泡湯を見ると、大地の営みを実感する。

4 濁り湯

含まれる成分の違いによって湯の色は変化する。濁り湯好きの日本人をうならせるような温泉が世界のいたるところに湧いているのだ。

5 変わり種

素朴でひなびた浴舎や日本人の想像を超える驚きの温泉。日頃の常識とかけ離れた風変わりな温泉をウェブ上で発見するのは難しい。

この本の使い方／注意事項

本書は温泉のガイドブックと実際に旅した際の旅行記を兼ねている。写真はすべて筆者が現地で撮影したものだが、現在は状況が変わっている場所があるかもしれない。この点は、ご了承いただきたい。また、学術書ではないので、泉質については「炭酸泉」、「硫黄臭」など、イメージしやすい言葉を用いた。

● 本の構成

各章の冒頭では有名な温泉も含めて、その特徴と楽しみ方を示した。続いて、章を代表するエリアを「特集」形式で紹介した。特集ページでは各温泉の位置がわかる地図を示したが、他の温泉については巻末地図を参照してほしい。

● DATA

温泉のガイドブックには通常、住所、連絡先、行き方、営業時間、料金などが記されている。ところが、本書で扱う海外の温泉ではそれが難しい。住所を調べても「国道○号を西へ 25 キロ」という表記しかなく、雨が降れば道はぬかるんで所要時間は何倍にもなる。営業時間は決まっていないし、料金は客を見て決める。そんな温泉が珍しくなく、日本の常識は通用しないのだ。筆者の経験をもとに、各温泉のデータを記したが、参考程度と理解してほしい。値上げや為替レートの影響があり、覚えていないものも多いので、料金は示していない。だが、本書で紹介する温泉の大半は、日本円で百円から数百円程度と安い。そうでないものは特記した。

● 温泉の特徴

各温泉の特徴を、5つの観点からレーダーチャートで示した。ただし、季節や時間帯、現地の状況で変わるので、あくまでも目安ととらえてほしい。

快適度（入浴した際の心地よさ）
5 最高→1 入浴できない（温度・清潔さなど）
困難度（行くまでの大変さ）
5 とてつもなく大変→ 1 簡単に行ける
原始度（人の手が加わっていないか）
5 自然のまま → 1 設備が整っている
危険度（現地と周辺の政情・治安・安心感）
5 相当な注意が必要→ 1 安心できる
衝撃度（見た目のインパクト）
5 びっくり、素晴らしい→ 1 特徴なし

1

「析出物」奇跡の造形に注目したい

「析出物」の楽しみ方

温泉に溶けていた成分が固まったものを「析出物」という。浴槽内をただよう「湯の華」も含まれるが、一般には湯の注ぎ口、浴槽のふち、浴室の床などに蓄積したものを指す。日本の温泉でも各地で見られる。

海外には析出物が驚異的に発達した温泉がある。析出物の中でも炭酸カルシウムを主成分とする石灰華は特に巨大化しやすい。石灰華は地形や傾斜によって棚（段丘）やドーム（お椀）状に発達する。気が遠くなるほどの時間をかけて築かれた析出物の美しさに着目するのも、温泉の楽しみ方のひとつだ。

トルコのパムッカレは世界一有名な石灰棚。世界遺産に登録されている。

石灰棚といっても色や形状はさまざま。ミスティック温泉（アメリカ）の茶色い石灰棚は成長を続け、今にも浴槽を飲み込みそう！

ドーム状に発達したティルタサニタ温泉のグヌンパンジャン（インドネシア）。ジャカルタからの日帰り温泉として人気だ。

浴室の床を覆う析出物
北海道　知内温泉「ユートピア和楽園」

湯口を覆う析出物
福島県　東山温泉「向瀧」

特集1

熱帯雨林の秘境「スマトラ島」の析出物温泉

北スマトラの景勝地トバ湖。世界最大のカルデラ湖だ

地震と火山と温泉の島 スマトラ島をめぐる旅

インドネシア西部のスマトラ島。世界で6番目に大きな島で、面積は日本の1・25倍。一年を通して雨が多く、固有の動植物を育む熱帯雨林は世界遺産に登録されている。

スマトラ島は日本と同じく火山と地震が多い島。バリ島やジャワ島に比べ観光客は少ないが、温泉マニアにはたまらない秘湯が無数にある。

観光の起点となる北東部のメダンは、島で最も大きな都市。首都のジャカルタ空港より、マレーシアのクアラルンプールやシンガポールの方が距離的に近く、乗り継ぎ便も多い。

メダン空港から南へ150キロのトバ湖は北スマトラ最大の景勝地。設備

の整ったホテルが多く、ここを起点に伝統の村々やオランウータンの保護区などをめぐるツアーが人気だ。トバ湖の南西岸にはパングルラン、北側にはブラスタギという温泉町がある。このふたつは一般的なガイドブックにも記載されているが、本書で紹介する温泉はほぼ無名。

4日間という限られた日数で、15か所ほどの温泉地を回りたいので、メダンで車をチャーターすることにした。このとき訪れた温泉のうち、とくに迫力ある析出物温泉を3つ厳選して紹介する。

なお、スマトラ島は高温多湿で一年の200日以上は雨が降る。地方の道路整備は不十分で、雨が続くと未舗装路はたちまちぬかるんでしまう。実際に訪れる際は、余裕のある日程を心がけてほしい。

スマトラ島
60km
1 メダン
7 ラウデブッデブッ
(P24)
6 ブラスタギ
2 ティンギラジャ
(P16)
トバ湖
3 パラパト
5 パングルラン
4 シポホロン (P20)
タルトゥン

❶

メダンの街でのランチ。ピリ辛でおいしい

● 旅程

①メダン空港から車で出発→②ティンギラジャ→③パラパトで１泊→④シポホロン→⑤パングルラン温泉で１泊→⑥ブラスタギを経由し→⑦ラウデブッデブッ→⑥ブラスタギ温泉で１泊→メダンに戻る

❸

パラパトの街。農産物が豊富で、いたるところにこのような市場がある

ドバ湖の移動はボートが重要な手段。多くのボートが湖を行き交う

❺

パングルランの素朴な露天風呂

トバ湖周辺には外国人向けの宿泊施設も多い

❻

ブラスタギの地熱発電所。マグマの熱エネルギーで発電している

市場で売られていたナマズと川魚

宝石箱のような極彩色温泉

ティンギラジャ

DATA
英語名　Tinggi Raja
場　所　インドネシア　北スマトラ州　シマルングン県
注意点　外国人は案内料を要求される場合がある。雨天時は行くのが難しい

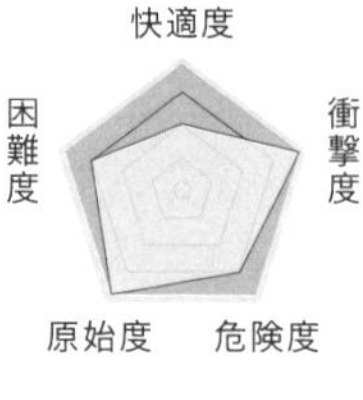

訪れる人もまばらな石灰棚

スマトラ島の秘宝、ティンギラジャ温泉。周囲に集落はなく、メダンかトバ湖で車をチャーターして行くのがベスト。しかも四輪駆動車でないと、最後の10数キロは走れない。一般車の場合、途中のナゴリドロクから先はバイクタクシーを利用する。雨が降ると未舗装の道は川のようになって、とても通行できない。

メダンを朝早くに発ち、休憩込みで約5時間。脳みそを揺すられ続けて、ようやく目的地へ。到着早々、地元の若者4人組に不明朗な入場

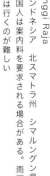

入り口側からの眺め。奥の左手がホワイトテラス

湯滝の頂上に湧く源泉のひとつ

料・ガイド料を要求される（日本円で二千円程度）。週末で観光客が多い日は彼らも対応しきれないようだが、今日はほかに客がまったくいない。割高かもしれないが、ティンギラジャは170ヘクタール（長崎県のハウステンボスより広い）と広大。案内なしに回るのは難しいだろう。

温泉が生んだ驚異の造形3連発！

事前にウェブで収集した写真を彼らに見せると、「3つの場所に分かれている」とのこと。まずはホワイトテラスと呼ばれる石灰棚に向かう。真っ白な段丘と透明感のあるエメラルドブルーの池の対比が美しい。源泉は約70℃。強い硫黄臭とかすかな塩味の温泉だ。

ふたつ目は湯滝（石灰華滝）。ホワイトテラスからは見えないが、歩い

析出物で覆われた見事な湯滝

て数分の場所にある。

滝は高さ10メートルほどで、頂上の源泉池から豊富な湯が湧いている。温泉は一気に急斜面を下り、川へと流れ込む。白と緑と茶色が織りなす断崖が美しい。近くに立つと猛烈なしぶきがふりそそぎ、蒸気浴を楽しむことができた。滝のすぐ右手の階段を利用して、川面に降りることができる。温泉と川の水が混ざって適

入浴したい場合は湯滝の下の川原がベスト！

カワ・プティの源泉池

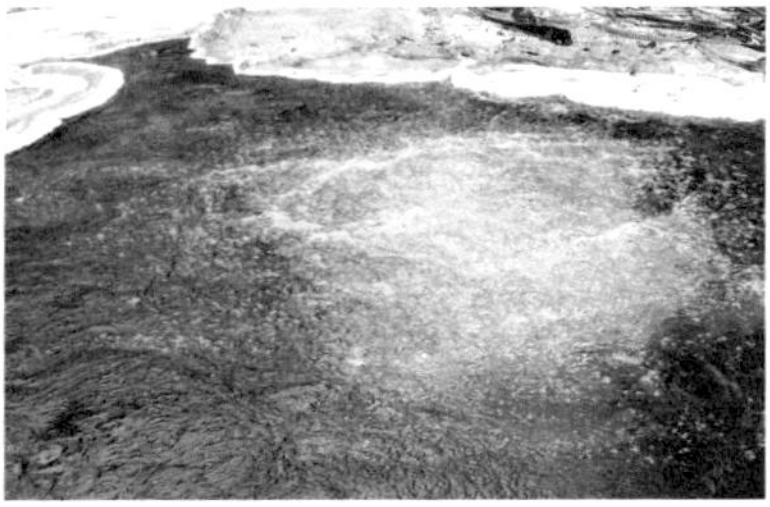

池の中心から湯が湧き立つように噴出する

ホワイトテラスと雰囲気の異なるカワ・プティの石灰棚

温の場所もあるが、川床は自然のままで歩きにくい。入浴したければサンダルを持参しよう。

3つ目のカワ・プティ（火口）は数百メートル離れている。バイクで先導してもらうと、ここにも見事な石灰棚があった。直径約2メートルの源泉池から、80℃を超える湯が猛烈な勢いで湧き、段丘を浸していく。

入浴できる場所は限られるが、ティンギラジャの色鮮やかな析出物が奏でる絶景は感動の連続だった。

トバ湖畔の町パラパトへ

2時間ほど滞在した後、トバ湖畔のパラパトに向かった。4時間近く走り続けて20時半に到着。ここはトバ湖の北東側で最も大きな町で、ホテルも多い。温泉はないが、翌日の行程を考えてここに宿泊した。

シポホロン

長い年月をかけて形成された奇観

DATA
英語名　Sipoholon
場　所　インドネシア　北スマトラ州　北タパヌリ県
注意点　見学無料。入浴料は施設（広さ、内風呂・露天）で異なる

源泉の底には石筍がびっしり！

パラパトを出発してトバ湖の東側を南下する。約3時間でシポホロンに到着。スマトラ島の析出物温泉としては、ティンギラジャと双璧を成す。時間はかかるが、舗装路だけでアクセスできるため、わずかに観光地化されている。道路沿いに素朴な温泉浴場が並び、ちょっとした温泉街のようだ。個室風呂だけでなく、露天プールを備えた新しい施設が次々と開業している。

浴場街の裏手に回ると、いきなり純白のマシュマロのような石灰棚が目に飛び込んできた。幾筋もの緑色の藻が白に重なる光景は、抹茶ソースをかけたアイスのようだ。段丘には木製の樋《とい》が何本も差し込まれ、それぞれの浴場へと温泉を運んでいる。

周遊路があるので、温泉の川筋に沿って緩やかな斜面を登っていく。白、緑、オレンジの石灰棚とアクアブルーの池とのコントラストが鮮やかで美しい。丘の頂上の大きな源泉池からは、猛烈な勢いで湯が溢れていた。澄んだ源泉池の中に石筍のような析出物が無数に生えるさまは、まさに奇観。化学の授業で習ったケミカルガーデンの巨大版のようだ。石筍は柔らかそうにも

温泉街裏手のマシュマロのような析出物。樋を伝って温泉を浴場に供給する

周遊路の途中の温泉池。青さが際立ち美しい

周遊路から温泉街を見下ろす

周遊路途中の石灰棚

丘を下る途中の噴泉塔。洗面器があるので、この豪華な湯に入浴する人がいるようだ

見え、触ってみたくなるが、源泉の温度は60℃超。とても近寄れない。

噴泉塔や石灰棚が次々と現れる

周囲には天然のパレットのような極彩色の風景が広がる。黄色と緑のマダラ状の川や、白とオレンジの段丘が紡ぎだす光景は驚きの連続。噴泉塔や石灰棚に圧倒されながら、周遊路を1時間ほどかけて回った。幹線道路に戻り、気に入った浴場施設で入浴することに。筆者は大きな露天風呂のある施設を利用した。長い樋を伝ってきた湯は適温で、透き通った緑色。極彩色の強烈な景観に比べると、温泉は意外に癖のない泉質だった。

第二次大戦中にスマトラ島を縦断した日本軍の一部隊は、シポホロンに宿泊し温泉に浸かったとの記録が

露天の温泉プールを備えた日帰り浴場。周遊路を歩いた汗を流すのにちょうどよい

素朴な温泉浴場が街道沿いに並ぶ

パングルラン温泉の源泉で遊ぶ子どもたち

残っている。星空を見上げての入浴で何を思ったのだろうか。なお、シポホロンはこの地域の総称で、温泉だけを指す場合はリアリア（現地のトバ・バタッ語でハッピーの意味）の方が通じる。

宿泊地のパングルラン温泉へ

トバ湖の南岸を北上し、2時間半でパングルランに到着。地熱で草木も生えないガレ場のような山肌から温泉が湧いている。山の斜面に沿って小ぶりな入浴施設が点在し、気軽に入浴を楽しめる。大きな顔の看板が印象的な浴場で汗を流した後、湖畔のホテルに投宿した。

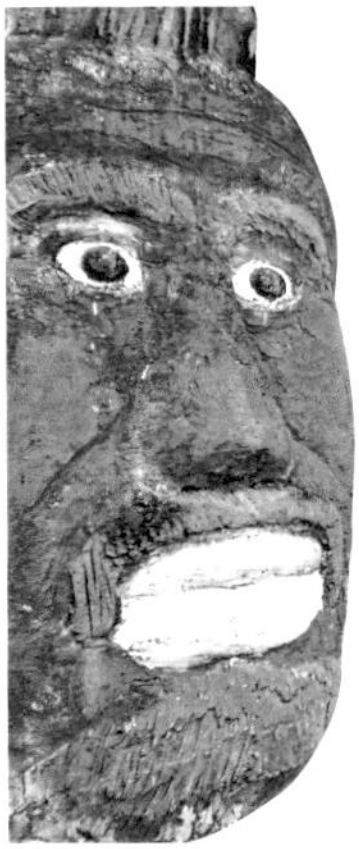

地元の人も知らない奇跡の青湯

ラウデブッデブッ

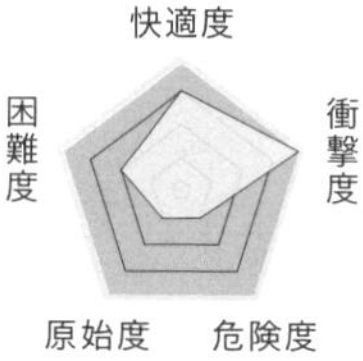

DATA

英語名　Lau Debuk Debuk

場　所　インドネシア　北スマトラ州　カロ県

注意点　受付あり。無人で無料だったが、管理人がいる場合の料金は不明

温泉開発の経緯を記した建物。脇に温泉への道がある

「そんなところに温泉はない」と誰もが言うのだが……

ブラスタギの15キロほど北に色鮮やかな温泉池があるとのウェブ情報を発見。不鮮明な写真が1枚あるのみで、地元の人に聞いても「そんな場所に温泉はない」との返事ばかりだが、現地で確認しようと出かけてみた。メダン方向へ少し戻り、何となくピピッと来た場所で左手に折れると、まもなく温泉開発の経緯を記した小屋があった。発電所工事の途中、1975年に温泉が湧き出したという。車を停め、小屋の脇の細道を進むと、正面に巨大な楕円形の温泉池が現れた！　鮮やかなミルキーブルーで、手前ほど色が濃く奥側は薄い。これほど印象的で美しい温泉がまったく知られていないとは、スマトラ島、まさにおそるべし。

右手に東屋、左手に管理小屋があるが無人だった

この道の先に温泉池があるが、かなり近づかないと見えない

析出物が薄い膜のように湯の表面を覆う。触ると消えるがすぐに再結晶化する

湯温の異なる5つの広大な露天風呂

細長い楕円状の池は5つの区画に分けられている。一番手前が源泉池で、気泡とともに湯が湧き出していた。32〜33℃のぬるま湯だが、年間を通して高温多湿なスマトラでは心地よい。

奥にいくほど湯温は低く、水温に近くなる。温度の異なる湯に交互に浸かっていると、気持ちがよくてあっという間に時間が過ぎてしまった。湯はキシキシとした肌触りが印象的。臭いはさほどなく、味もほぼない。鮮やかな色に目を奪われてしまうが、湯の表面は石灰を主成分とするロウ状の析出物で覆われている。触ると薄いガラス板のようにパリパリと割れる。入浴すると湯面が揺らぎ、壊れて消えてしまうが、まもなく再結晶化する。ぬるめの湯に浸かりながら、壊れては再生する様子を楽しんだ。

近隣の人の話では、公有地につき開発が許されていないとのこと。だからこそ、素朴なままの景観が保たれているのだろう。

近年、この温泉の知名度が上がってきたようで、インドネシアの若者が訪ねたウェブ記事が増えてきた。

メインの露天風呂の他に、小さな露天風呂もある

温泉の街のブラスタギで最後の一泊

周囲の温泉をいくつかめぐった後で、ブラスタギの街へ戻る。途中の山道では野生のサルの姿を数多く見かけた。ブラスタギはオランダ植民地時代に開かれた標高1300メートルの高原で、メダンより涼しい。シンプルな露天プールを備えた施設がいくつも並んでいて、家族連れや若者に人気がある。近くのシバヤク山は常時噴煙を上げており、豊富な地熱を活用した地熱発電所が稼働している。

そんなブラスタギで一泊し、翌日は地味な温泉をいくつか回ってメダンに戻り、スマトラ島の温泉めぐりを終えた。

ブラスタギの温泉施設のひとつ。プールタイプの温泉で水着が必要

村の周辺はシバヤク山の火山灰で白茶けている

エーゲ海の島に湧く極彩色の湯

ポリクニトス

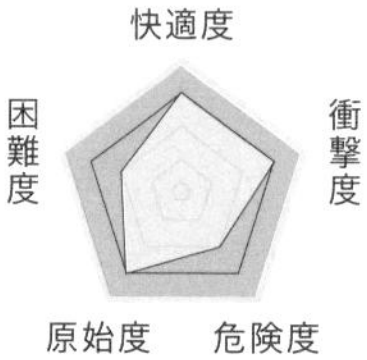

DATA
英語名　Polichnitos
場　所　ギリシャ　北エーゲ地方　レスボス島
注意点　施設は有料。川の野湯は無料だが、高温地帯に注意

析出物で鮮やかに染められた斜面

ギリシャは3300もの島から成る海洋国家。温泉が湧く島も多い。エーゲ海北東部のレスボス島もそのひとつ。紀元前6世紀の女流詩人サッフォーの出身地として知られている。彼女が女性への愛を多く謳ったため、島の名が転じて「レズビアン」の語源になったといわれる。

レスボス島には10か所ほど温泉があるが、析出物の美しさではポリクニトス温泉が群を抜く。湧き出した温泉が川端の斜面を伝い、渓流へと流れ込む。歩くと表面はフカフカして柔らかい。川のふちも川床も、赤や緑の鮮やかな析出物で彩られている。

川の両岸にも数多くの源泉がある。湯温は67~92℃。夏場でも湯気が立ち昇り、塩化物系の臭いが

入浴施設の裏手の源泉。奥にはふたつのトルコ風浴室とオレンジ屋根の母屋が見える

浴室では塩味の強い茶褐色の濁り湯を楽しめる

温泉の川は絵の具を散らしたよう

たちこめている。道は整備されていないので、誤って源泉を踏んだり、川に落ちたりしないように注意したい。源泉から離れると温度が下がり、川で入浴することも可能だが、深さや川床の様子を慎重に確認する必要がある。

もちろん、無理して野湯に挑戦しなくてもよい。地中海風のオレンジ屋根が印象的な入浴施設がすぐ近くにある。浴室はふたつあって男女別で利用するが、空いていればグループでの貸切り利用が可能。水着は不要で、裸で入浴できる。

入浴前、管理人から「入浴は15分以内に」と念を押された。ラジウムを多く含むため、時間制限を設けているのだそう。塩分を多く含む湯で、浴後は身体がぽかぽかと温まった。

斜面を彩る鮮やかな石灰華ドーム

テルメス

ギリシャ北部の知られざる温泉郷

アテネに次ぐギリシャ第2の都市テッサロニキ。ここから東へ3時間の山間部にひなびた温泉地がある。ギリシャ語の「熱い」を語源とするテルメス温泉だ。

山間部に入ると、道沿いの集落にモスク（礼拝堂）が目立つようになる。トルコやブルガリアの国境が近づくと、イスラム教徒の比率が増えるようだ。テルメスはポマック人の集落。彼らも、ポマック語という独自の言語を持つスラヴ系のイスラム教徒だ。

周囲に温泉の湧く村はないが、テルメスだけは村内に多数の源泉があ

DATA

英語名　Thermes
場　所　ギリシャ　東マケドニア・トラキア地方
注意点　従来からの共同浴場は無料。新浴場は不明

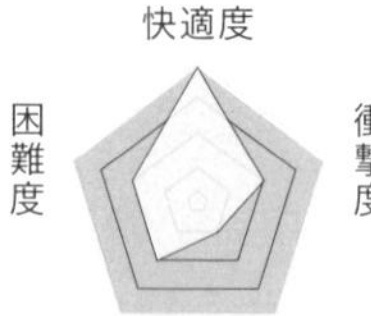

る。温泉を利用した村おこしを計画中で、宿泊施設はすでに完成し、新しい温泉浴場を建設中とのこと。「日本から来た」と告げると、室内を見せてくれた。イスラム風のモザイクタイルが美しい浴室だ。地元の人に場所を確認して、村の3か所の温泉めぐりに出発する。

ドーム頂上の湯は絞りかけ入浴!?

まずは、村の東側の石灰華ドームに向かう（仮称：東温泉)。山の斜面を鮮やかな黄色や茶色に染め上げた景観は、遠目でもはっきりとわかる。遊歩道を伝ってドームの頂上に向かうと、湯気が立ち込めている。ブロック塀の囲いの中に源泉の湧く池を発見。帰り支度の老人に声をかけてみると、熱すぎて浸かれないが、コンクリートブロックに腰掛けてタオル

桜の季節のテルメス集落。モスクのミナレット（尖塔）が見える

建設中の浴場の内部

を湯に浸し、身体に絞りかけて洗うのだと、身振りで教えてくれた。

源泉池の湯は川となって
石灰華ドームに注いでいく

素朴な共同浴場をめぐる

村の中央部の共同浴場（仮称：中温泉）には内風呂と露天風呂があった。粗削りな露天風呂は正方形の浴槽をトタン板で囲っただけのシンプルな造り。山中から引いた源泉を打たせ湯状に落とすことで湯温を下げているが、それでもかなり高温だ。

５００メートルほど西に進むと、

「東温泉」の源泉池は60°C。白い粒状の湯の華が浮かぶ

トルコ風の丸天井の共同浴場がある（仮称：西温泉）。浴槽はコンクリート造りで、ほぼ正方形。壁面には玉ネギ型の凹凸があるが、文様はない。浴槽のふちのパイプからたっぷりの湯が注ぎ、反対側から流れ出していく。湯温も40℃前後と申し分ない。無色透明無味無臭の湯で少し青みを帯びて見える。テルメスで最も気に入った浴場で、長湯を楽しんだ。

見て楽しむなら東温泉、熱い湯が好きな人には中温泉、ぬる湯好みなら西温泉、さらに新しい浴場も建設中と選択肢は豊富。

ネックなのは、ギリシャの有名観光地からかなり遠いこと。海外の観光客を惹きつけることができるだろうか。

ひなびた「中温泉」の外観

「中温泉」の露天風呂。山中から引いたパイプから直接湯が注ぐ

「西温泉」の外観（奥）と斜面を染める析出物（写真手前）

「西温泉」のトルコ式浴室

パムッカレ近郊は析出物温泉の宝庫

ギョレメズリ

DATA

英語名　Gölemezli

場　所　トルコ　デニズリ県

注意点　無料。その後の開発状況は不明。周囲は完全な無人

リゾート開発が中断し とり残された野湯

トルコの温泉と言えば、誰もが世界遺産のパムッカレ（10ページ）を思い浮かべる。だが、パムッカレのあるデニズリ県には、析出物温泉がたくさんあるのは知られていない。

最も印象的だったのがギョレメズリの新温泉。まずは、パムッカレから北西へ20キロの温泉地・ギョレメズリに向かう。個室風呂を備えた小ぶりな温泉ホテルが数軒ある。宿の主人に話を聞くと、「新源泉の掘削に成功した。将来は総合温泉リゾート地が整備される予定だ」とのこと。日本人と知るや、「温泉開発に一口乗らないか」と、分厚いパンフレットを渡された。

投資話を丁重に断り、教えてもらった新源泉に向かう。郊外のタ

湯の華が多い棚田状露天風呂

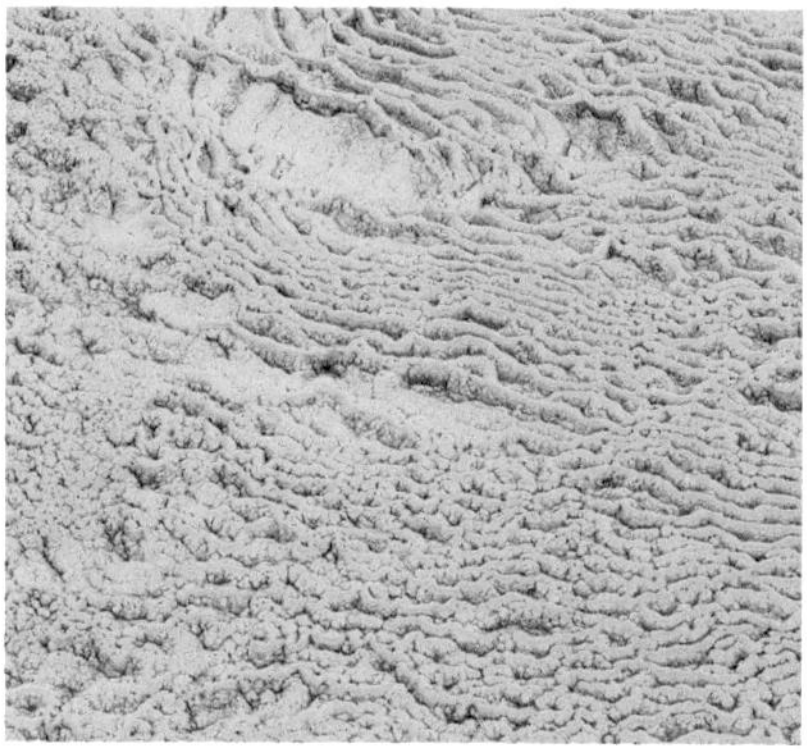
噴泉塔の表面は脳のような細かいひだで覆われている

広場の奥には巨大な噴泉池もあるが、熱くて浸かれない

ティルキョユ村の丘を中腹まで登ると、あたり一面が真っ茶色の広場に着いた。中心には、勢いよく湯を噴き上げる高さ1メートルほどの噴泉塔。表面は精緻なこぶ状の析出物で彩られている。温泉の臭いはほとんどないが、塩味と炭酸成分を感じる。

右手の奥には、石灰棚を彷彿とさせるような棚田状の露天風呂があった。池を満たした湯は、下流の川へと注いでいく。足湯を楽しむ人のためか、プラスチック製の椅子が置かれており、しばしの足湯を楽しんだ。大迫力の光景だが、工事は中断しているようだ。ウェブ情報を調べてみても、開発が進んでいるとの情報はない。リゾート計画は頓挫し、壮大な野湯だけが残ったのであろうか。

赤茶色の石灰華滝はすべて温泉！

レッドヒル

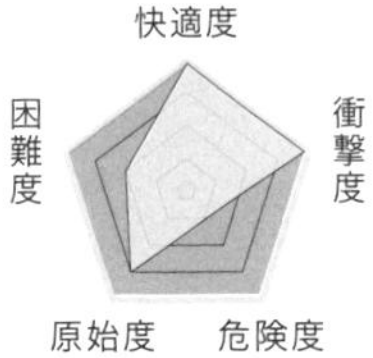

DATA

英語名　Red Hill

場　所　アメリカ　ユタ州

注意点　無人で無料だが、丁寧に使うようにとの表示あり。夜間の使用は禁止

こぶ状の斜面を流れ落ちる温泉

アメリカ中西部、ユタ州の州都ソルトレイクシティ。南へ約300キロの場所によく知られたミスティック温泉（11ページ）がある。赤い石灰棚が有名で、年々膨張する段丘に飲み込まれなそうなバスタブが印象的だ。だが、わずか1キロ先にもうひとつ絶景湯があることはあまり知られていない。

ミスティック温泉のすぐ手前の道を左へ。道路状態がよくないので、車を降りて歩いていく。起伏を何度か乗り越えると、丘の中腹にレッドヒルが見え、10分ほどでたどり着いた。

温泉を管理している地元の男性たちがいたので、日本から来たと伝えると、驚き喜んでくれた。「日本人に会ったのは初めてかな。楽

温泉は斜面を下り、次々と浴槽を満たしていく

丘の中腹に見えるレッドヒルの遠景

ドームの頂上に75℃の源泉の湧く穴がある

しんでくれ」とのこと。「私有地だが、汚さずに使うならば、入浴を歓迎する」との看板がある。

近くで見上げるドームは迫力満点！ 高さは5メートル、横幅は10メートル程度。斜面を流れる温泉はコブを避けて、網の目を伝うように流れ落ちていく。ドームの下は緩やかな傾斜地で、温泉の流れるルート上に、大小さまざまな木製浴槽が埋め込まれている。

ドームの頂上から斜面を流れ落ちる過程で湯温は下がるため、下段の浴槽はかなりぬるく、水風呂のよう。上段の浴槽のふちに頭をのせて、流れ落ちてくる湯を楽しんだ。素朴ながら、きちんとメンテナンスされた温泉に感謝を捧げたい。なお、その後、浴槽はより自然に近い形に改修されたという。

古代遺跡のような石灰華ドーム

グヌンペイエッ

DATA
英語名　Gunung Peyek
場　所　インドネシア　西ジャワ州
注意点　無料。雨季はあぜ道を歩くのが大変

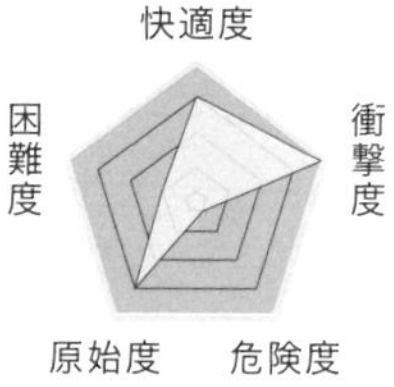

3つの円形井戸から適温の湯が湧く

インドネシアの中心、ジャワ島には100以上の温泉がある。首都のジャカルタから日帰りできる温泉としては、ティルタサニタ（11ページ）が有名だ。真っ白な石灰華ドームの脇に個室の温泉浴場が並んでいる。近くには入浴できる石灰棚グヌンパンジャンがあり、気軽に温泉旅を楽しめる。

しかし、わずか数百メートル先のもうひとつの野湯はほとんど知られていない。「核・生物・化学兵器部隊」という陸軍施設の脇に温泉への道がある。少しビビったが、護衛の兵士に温泉の写真を見せると行き方を教えてくれた。指示に従い、斜面を下ると水田の向こうに巨大な石灰華ドームが見えた。

あぜ道を歩き、ドームの真下に着いて見上げると、黒く変色した部分は乾いていて、白い部分には温泉水が流れている。丘の上に登ると、まさに頂上からお湯が湧いていた。

源泉には3つの浴槽があり、串団子のようにほぼ一列に並んでいる。溢れた湯は四方へ流れていく。3つの円形浴槽のうち、ぬるめの2つは深めで胸まで浸かれるが、一番温度の高い浴槽は浅く、腰までしか浸かれない。湯は無色透明で塩味が強い。

浴槽はきれいな円形なので、元は人工的な穴だったのかもしれない。だが年月の経過とともに表面が析出物でコーティングされ、天然の造形のように感じられる。まるで不思議な古代遺跡のようだ。丘の下に広がる水田は雨季が間近で水が張られ、とても美しかった。

巨大な石灰華ドームが水田に映る。高校生との対比でドームの大きさがわかる

近所の高校生が入浴中。日本語を選択しているという子から話しかけられてびっくり！

ジャワ島の山中に湧く濃厚な析出物温泉
バトゥラデン

DATA
英語名　Baturaden
場　所　インドネシア　中部ジャワ州
備　考　入園料を払えば園内すべての温泉を利用できる（マッサージは別料金）

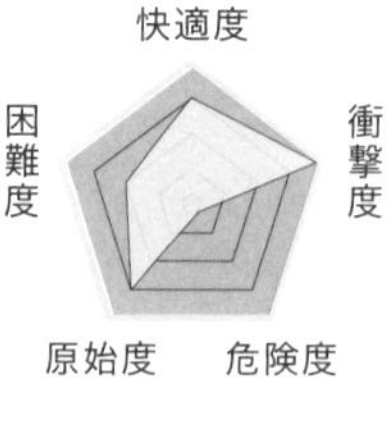

色鮮やかな析出物が目をひくパンチュラン7

ジャワ島中部のバトゥラデン温泉。首都のジャカルタから車で東へ7時間。世界遺産のボロブドゥール遺跡観光の拠点となるジョグジャカルタから西へ5時間と、行きにくい場所にある。だが、析出物マニアには間違いなく垂涎の湯だ。

この辺りは高温多湿で霧が多い。高木が生い茂る駐車場脇に温泉公園の入り口があり、500メートルほど歩くと、右手に源泉のパンチュラ

湯口の周辺は立ち入り禁止でないので、直接打たせ湯を楽しんでもよい

パンチュラン7の湯をひく露天風呂は茶褐色の濁り湯だ

温泉公園の料金所。公園は管理されている

ン7があった。インドネシアでは、高い位置から湯や水を注いで、シャワーや打たせ湯のように利用する設備を「パンチュラン」と呼ぶのだが、ここには7つの湯口があるため、パンチュラン7と呼ばれている。最初は人工的な湯口だったのかもしれないが、茶色と緑の析出物で分厚くコーティングされ、今や天然の湯口にしか見えない。いざ目の前にすると、析出物がつくり出した色鮮やかな造

形美に圧倒された。

向かいの広場にはこの湯をひいた露天風呂があるほか、シャワー代わりの半個室の打たせ湯や、温泉の泥を塗ってマッサージをしてくれるエリアもある。ただし、満足するのはまだ早い。

発達した析出物によって形成された洞窟（ゴア）

温泉エリアの広場の左側は下り斜面。脇の階段を20メートルほど下ると、別の広場がある。温泉が滝のように流れ、斜面を石灰華が覆っている。さらに30～40メートル下ると、猛烈な湯滝があった。適温の湯が丸いこぶ状の石灰華の斜面を流れ落ちているのだ。

湯滝の名は「ゴア・セリラン」。滝の勢いが強いせいか、析出物が垂れ

ゴア・セリランの強熱な湯滝

下るように発達し、滝下には洞窟（ゴア）が形成されている。地元のおじさんが気持ちよさそうに打たせ湯を楽しんでいたので、カメラを向けると、ビシッとポーズを決めてくれた。湯温は30℃台と低めだが、暑いインドネシアではこのくらいがちょうどよい。朝方は気温も低く、湯滝が心地よく感じられる。見物するならパンチュラン7、浸かるならゴア・セリランがおすすめだ。

なお、5キロほど離れた公園には、パンチュラン3と呼ばれる温泉池がある。湯量は少なく、子どもたちの遊び場に過ぎないが、ここまで来たのであれば、あわせて訪れたい。

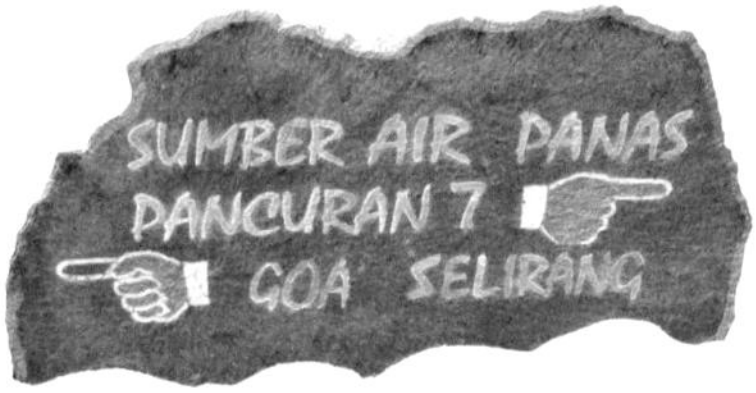

道案内の看板。SUMBER は源（ソース）、AIR PANAS は温泉の意味

シャワーとしても打たせ湯としても使える

温泉エリアの全景。右奥にパンチュラン 7、左手前に露天風呂、左奥の崖下にゴア・セリランがある

貴重な石灰華ドームは生活の一部

貝渓

DATA

英語名　Bèi xī
場　所　中国　広東省　和平県
注意点　無料の共同浴場や有料の個室風呂あり

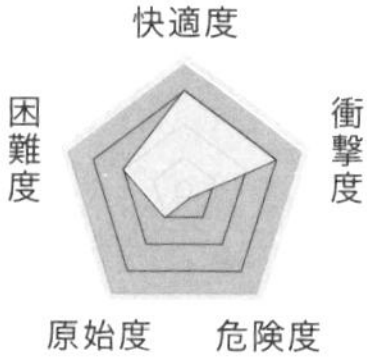

ドーム状の温泉を中心に開けた村

中国南部の広東省の田舎に知られざる石灰華ドームがある。省都の広州市から、北東へ4時間半の和平県貝墩鎮貝渓村。和平の県城（中心地）までの道はよいのだが、最後の40キロはかなりの悪路で、県城から1時間半かかってようやくたどり着いた。

温泉は数か所あるが、まずは村の中心の見事な石灰華ドームを紹介したい。高さは約3メートルで、表面積は約60平方メートル。上から見るときれいな円形で、横からだと裏返したフライパンのような形に見える。

ほぼ平らな頂上の中心から高温の温泉が湧いている。硫黄臭の強い透明な湯だ。天然の石灰華ドームはと

ドーム頂上の源泉で卵を茹でる中学生たち

石灰華ドームの壁面を伝わった温泉は貯湯槽（左）を経て、露天風呂（右）に注ぐ

ても貴重だが、地元の人たちはその希少さを理解していないようで、源泉は野菜や卵を茹でるのに使われ、周囲にはごみが散乱していた。

石灰華ドームを中心に村が形成されたらしく、ドームは人々の生活に溶け込んでいる。その形状から、かつては石鼓温泉、または石宝温泉と呼ばれていたのだそうだ。

どこを掘っても温泉が湧いてしまう

幾筋もの湯がドームの斜面を流れ落ち、なかでも最も流量の多い一角に湯を受け止める貯湯槽が設けられていた。この湯がさらに、ホタテ貝のような形状の浴槽に注ぐ仕組み。シンプルで豪快な湯使いだ。

貯湯槽を通すことで湯温を少し下げているが、それでも浴槽の湯は50℃を超え、入浴するのは難しい。タオルを温泉に浸して身体に絞りかけて洗うのだという。

道路向かいには男女別の共同浴場がある。浴室はかなりきれいで、温度も申し分ない。ただ、夕方以降は地元の利用者が増え、浴槽内でシャンプーや石鹸を使うので湯が汚れてしまう。浴場脇には別の源泉井戸があり、鶏や野菜を茹でるのに使われ

道路向かいの共同浴場の外観。手前に高温の源泉井戸がある

ていた。こんなにも湯量が豊富なのに、村は水不足で困っている。どこを掘っても熱い温泉が湧いてしまうというのも、ときに厄介な話らしい。

観光客などいない素朴な温泉だが、大規模な開発計画がこれまでに何度かあったそう。だが、ただでさえ温泉観光地の多い広東省にありながら、広州から車で4時間半は遠すぎる。その交通の不便さゆえに貴重なドームがそのまま残っているのだろう。

最新の状況を確認したが、粗雑に扱われながらも村を支える「けなげ」な石灰華ドームは、いまだ健在のようだ。なお、和平県城から貝渓村への途中には、彭寨、熱水坑などのひなびた温泉もある。あわせてぜひ立ち寄ってほしい。

共同浴場の男女別浴室。浴槽の底には色とりどりの石板がはめ込まれている

村の入り口には別の共同浴場（左）と、巨大な原泉槽がある（右）

column

1

析出物にも「旬」がある

石灰棚や石灰華ドームは、温泉の流れが止まると次第に黒ずんでしまう。「保湿」がとても重要なのだ。北海道の島牧村に泊川河鹿（とまりがわかじか）の湯という美しい石灰華ドームがあった。2001年に訪れたときは、頂上から流れ落ちる豊富な湯で、ドームは黄金色に輝き、ドーム下で豪快な野湯を楽しめた。2022年に再訪すると、ドームは乾燥して黒ずんでいた。石灰華温泉は成長が進むと、やがて湯口を自らの析出物でふさいでしまうという悲しい宿命がある。析出物にも「旬」があるので、一期一会を大事にしたい。

2

「景観」
海・川・山の
湯を堪能したい

「景観」の楽しみ方

波の音を聞きながら、水平線を眺めて浸かる海辺の露天風呂。山道を歩いてようやくたどり着いた山間の一軒宿。春には桜の花びらが舞い、秋には鮮やかな紅

ニュージーランド
干潮時のみ、砂浜を掘ると温泉が湧くホットウォーター ビーチ。海外からの観光客に人気がある

アメリカ
環境保護のため入浴禁止のイエローストーン国立公園で例外的に入浴できる「ボイリングリバー」

葉。新緑や雪見の季節も捨てがたい。日本人にとって、浴槽からの眺めはとても重要だ。露天風呂があるかどうかで宿を選ぶ人も少なくない。

　世界には知られざる絶景湯がたくさんあるが、その多くはアクセスが大変。ボートや水上飛行機をチャーターしないと、たどり着けない温泉もある。本書では苦労して行く価値のある絶景湯を厳選した。おそらく耳にしたことのない温泉地までの道中を含めて、一緒に旅を楽しんでほしい。

ヨルダン
マイン温泉（ハママトマイン）の落差25メートルの湯滝はヨルダンでも有数の観光地

グアテマラ
国内で最も有名なフィンカパライソ温泉。滝も滝つぼから流れる川も温泉だ

特集
2

チリ「パタゴニア」のオーシャンビュー温泉

知られざる温泉王国への旅

南アメリカの南端に位置するチリ。南北に細長い国で、日本から見ると地球の裏側にあたる。日本と同じ環太平洋火山帯に位置し、火山性の温泉が多い。直行便はなく、首都のサンティアゴまででもアメリカ経由で約30時間。時間はかかるが、ウェブで魅力的な温泉を次々と見つけたため、一念発起して訪ねてみることにした。

サンティアゴ周辺にある濁り湯（134、136ページ）、南部パタゴニア地方の海辺の湯、その中間のプコン周辺（70ページ）の山の湯という3つのエリアを旅したが、ここで採り上げるのはパタゴニア地方。アルゼンチンとチリの南部の総称で、氷河やペンギンの見学、南極旅行への足掛かりなどで人気がある。年間を通して気温が低く、風が強いことでも知られる。

南部を縦貫するアウストラル国道

サンティアゴから国内線で南へ1時間40分のプエルトモン（プエルトモント）。北部パタゴニア観光のベースとなる港町で、1240キロ南のオイギンスまで延びる国道7号の起点だ。チリ南部を縦貫するこの道はアウストラル（南）国道と呼ばれている。何度も海を渡るのだが、橋が架かっていないので、道路は途切れ途切れになっている。日本の「海上国道」と一緒で、海の上はフェリーが国道を代行している。

海と山の絶景が車窓に広がるが、土砂崩れなどの復旧工事も日常茶飯事。長時間の通行止めや仮復旧の悪路が続く。スペイン語しか通じないエリアだが、レンタカーでこの道を走ってみることにした。レンタカーを日本で予約した際、「スペイン語から英語に通訳してくれる電話オペレータサービス」を発見。英語圏以外での運転は初めてで不安だったため、追加料金で申し込んだ。ところが、アウストラル国道は、ほとんどの区間が「圏外」。通訳サービスどころか、電話自体がつながらないので、訪ねる予定があるなら注意が必要だ。

ここで紹介するパタゴニアの3つの温泉は、どれもがとてつもない絶景の湯。まず「最遠方から訪ねる」のが旅の鉄則なので、プジュアピ温泉を手始めとしてチリ南部のオーシャンビュー温泉を一緒に旅してほしい。

チリ南部

● 旅程

首都サンティアゴ空港→⑤プエルトモン空港で乗り継ぎ①バルマセダ空港へ。レンタカーを借り→②コジャイケで１泊→アウストラル国道を北上し、宿の送迎船を利用して③プジュアピで１泊→④ヴェンティスケロ→①バルマセダ空港へ戻りレンタカーを返却→空路で⑤プエルトモンに戻って新たにレンタカーを借りて１泊→アウストラル国道を南下し、宿の送迎船を利用して⑥ジャンカウェ島で１泊→ボートをチャーターし、⑦カウェルモ、⑧ポルセラナ温泉→⑥ジャンカウェ島でもう１泊→⑤プエルトモンに戻る

コジャイケからプジュアピまでのアウストラル国道

美しい景観の道と大規模工事中の悪路が何度も交代で現れる

走り始めはパタゴニアの雄大な景色が続く

日本とは季節が逆で 11 月の後半はルピナスの季節

たびたび登場する「工事で停まれ」の看板

看板の先は崩れた岩を撤去中

13 時から 17 時まで通行止めの看板。近くに係員はいるがスペイン語しか通じない

四輪駆動車でないと走行は困難。レンタカーはたまたま慣れたトヨタ車でラッキーだった

湾の奥深くに建つ瀟洒なロッジ

プジュアピ

アウストラル国道は悪路の連続

アクセスしにくい湾内に隠れ家のような温泉ロッジがあるプジュアピ温泉。サンティアゴから飛行機と専用クルーズ船を利用して、ロッジに泊まるツアーに参加するのが一般的だが、2~3泊のツアー代金の相場は20~30万円と高額。そこまでお金も時間もかけられないので、自力で向かうことにした。

サンティアゴからプエルトモン経由でバルマセダ空港へ到着。レンタカーを借りて近くのコジャイケ（コイハイケとも書く）で一泊した。日本から飛行機を4本乗り継いで40時間以上。旅の「最遠点」

メインの露天風呂ラスキラス

DATA

英語名　Puyuhuapi

場　所　チリ　アイセン・デル・ヘネラル・カルロス・イバニェス・デル・カンポ州

注意点　宿泊客は入浴自由。レンタカーは時間的余裕をもって慎重に

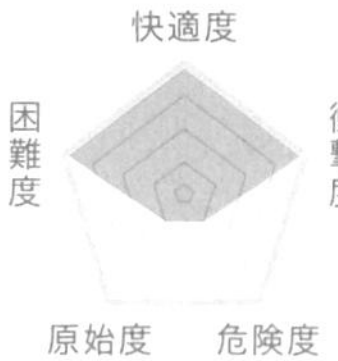

に着き、ようやくベッドで眠ることができた。

　翌日は早めに出発。温泉までは車で3時間半との情報だが、実際は泣きたくなるのほどの悪路。アウストラル国道は大規模工事の連続で、大きな岩がゴロゴロ転がる未舗装路を慎重に進んだ。途中、発破作業で30分間の通行止めが2回。5時間以上かかって、やっとロッジの対岸にたどり着いた。13時と15時半に迎えのボートがあるが、ほかの時間にボートを呼ぶと1万円かかる。しかも船着き場は「圏外」なので、近くの町まで走って携帯電話で呼ぶしかない。

水上に浮かぶ木造ロッジで温泉三昧

　プジュアピ水道の最奥に位置するプジュアピロッジは木造の三階建て。広島県の厳島神社のように宿の一部は海上に建っている。館内や客室は木造で、すが

園内に点在する露天風呂への道。野鳥のさえずりが聞こえる

ロスエレチョスの露天風呂は森の中。眺望は今ひとつだが、一番心地よい

ボートから見たロッジ。満潮時にはヴェンティスケロ湾に浮かぶように見える

もうひとつの露天風呂ラスキラスも
オーシャンビュー

宿専用の小さなボートに乗って
10分でロッジに到着

すがしい。贅沢ではないが清潔な宿だ。

　ロッジの周囲は様々な野鳥が棲む森。宿泊客の多くは数泊してのんびりと森の散策を楽しんでいる。残念ながら一泊しかできない日本人は、慌ただしく園内の露天風呂めぐりに出かける。

　広大な敷地内の3か所に露天風呂がある。ラスナルカスと名付けられたメインの露天はオーシャンビュー。小ぶりなラスキラスも海に面している。源泉は85℃というが、浴槽内は40℃未満のぬる湯で、のんびりと浸かれる。もうひとつの露天風呂ロスエレチョスは森の中にあり、自然の岩を配した野湯のような造り。足元は自然の砂地で心地よい。微白濁の湯で、見晴らしは悪いが一番気に入った。滞在中はどの露天風呂も貸切りで、誰とも出会わなかった。館内には室内温泉プールもあり、地球の裏側でぜいたくな温泉三昧を楽

薄暮時のロッジ全景

乗船場から北へ８キロのヴェンティスケロ温泉は日帰り利用が可能

スパ棟のプール。小さいが温泉プールもある

しめる貴重な宿であった。

パタゴニアの旅を終えて

朝食を終えてすぐに出発。湾の対岸にあるヴェンティスケロ温泉に立ち寄る。湾をのぞむ露天風呂はどれもぬるめ。一部は屋根付きなので雨天でも楽しめる。

絶景と悪路を繰り返すアウストラル国道を南下して、バルマセダ空港に到着。帰りも強風が吹いていて、離着陸できるのか不安になるが、地元の人の話では、「いつも同じ向きに吹いているので大丈夫」とのこと。

レンタカーをぶじに返却し、プエルトモン空港へと戻った。

南太平洋を眺めて浸かる島の宿

ジャンカウェ

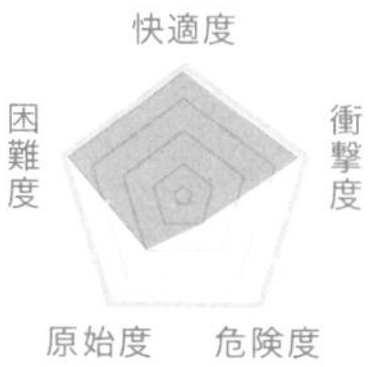

DATA
英語名　Llancahué
場　所　チリ　ロスラゴス州
注意点　宿泊客用の温泉。日帰り利用は宿に要確認

ボートでしか行けない離島の湯

プエルトモン空港で再びレンタカーを借りる。途中、フェリーに乗って湾を渡り、3時間でオルノピレンへ到着。宿の送迎ボートに30分乗るとジャンカウェ島の小さな船着き場が見えてくる。平地がほとんどない島で、温泉宿以外の施設は見当たらない。島の斜面に2階建ての宿泊棟が並んでいる。部屋も廊下も木造で、木の質感が嬉しい。

部屋からは、まるで海に浮かぶような露天プールを見下ろせる。水平線が湾曲していて、地球の丸さを実感した。高緯度のため、夏の日没は22時と遅い。無色透明の湯だが、わずかに塩味と硫黄臭を感じる。温泉は40℃で、日本人にも満足できる温かさ。プールの深さは胸の高さ程度。ふちに肘をのせて、行き交う船も少ない海を眺めながら、のんびりと浸かった。

下の写真は満潮時に撮影したものだが、干潮時にはプールの周囲に岩場が広がる。源泉を汲み上げるポンプがむき出しになり、立ち昇る湯気が見えるのもまた迫力がある。海との境目がないインフィニティプールの雰囲気を楽しむには満潮時がおすすめだ。

筆者は後述のカウェルモ温泉を訪ねるため、ジャンカウェ島に2泊した。次から次へと温泉を回る慌ただしい旅が多いので、海外の温泉宿での連泊は珍しい。天気や時刻によって表情を変える海を眺めての入浴は思い出深い。宿では食事もとれる。夕食はシーフードの定食で、チリ産のワインと一緒に楽しめる。

海と一体化したような温泉プール。いつまでも浸かっていられる

宿の近くの風景。雪山が美しい

島の斜面に建つ宿の全景。奥には手作りの小さな教会が見える

満潮時限定で接岸できる海辺の露天

カウェルモ

DATA
英語名　Cahuelmó
場　所　チリ　ロスラゴス州
注意点　無料。好天で風が弱く、潮位が高い時間帯のみアクセス可

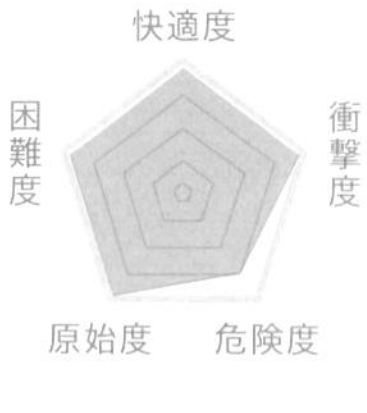

貸切ボートでフィヨルドの奥へ

カウェルモ温泉は、チリ南部を縦貫するアウストラル国道のうち、フェリーが国道を補う区間の湾内にある。このため、中型ボートを1日チャーターして行くしかない。酔狂にもほどがあるが、ジャンカウェ温泉から日帰りで訪ねてみた。フィヨルドの美しい風景を眺めながらボートは南下する。夏でも雪を頂いた山々が美しい。湾内にはサーモンの養殖場がたくさんあり、日本は大の得意先とのこと。

1時間半ほどでカウェルモ・フィヨルドへ到着。温泉があるのはフィ

カウェルモ・フィヨルドの入り口では可愛いアシカが迎えてくれる

フィヨルド奥の右手の湿地に温泉が湧いている

ヨルド最奥地のミルタ川の河口付近。東へ10キロ進んだあたりから水深が急激に浅くなる。ボートが腹を擦ってしまうと大変だ。どこまで船を進められるかの判断が難しく、船長は行きつ戻りつ停泊地点を決める。温泉から戻る際の潮位も考慮しなくてはならないという。

　エンジン付きのゴムボートに乗り換えて接岸するとのこと。そんな話は事前に聞いていなかったが、ここまで来たら仕方がない。中型ボートからゴムボートを海に下ろし、冷や冷やしながら乗り移る。救命胴衣もないし、まさかの本格的なアクティビティになってしまった。

オーシャンビューの7つの露天風呂

　引き潮に逆らいつつ進み、500メートルほどで浅瀬に到着。湿地帯に

ぬるめで大きな露天風呂。木陰にあって過ごしやすい

ポルセラナ温泉では森林浴も楽しめる

乗り上げるように接岸する。ボートを下りて左手に進むと、わずかな平地にカウェルモ温泉の碑が建っていた。

岩をくりぬいた露天風呂は全部で7つ。碑の右手の源泉から溢れた湯は岩を削った水路を流れ、順に7つの浴槽を満たしていく。源泉に近い浴槽は熱くて入浴できないが、海に近いほうは適温。船長から「島での滞在は1時間半」と言われたが、あっという間に経ってしまうほど気持ちよい温泉だった。

森の中のポルセラナ温泉

続いて、もうひとつの温泉へ。コマウフィヨルドを1時間ほど南下し、ボドゥダウェ川の河口近くのポルセラナ温泉に向かった。ここは中型ボートでそのまま接岸できる。15分ほど歩いた先の森の中に、陽光がきらめく露天風呂があった。

どちらの温泉も、潮の条件がよく好天で凪の日しかアクセスできない。貴重な温泉をふたつ訪ねることができ、大満足でジャンカウェのホテルに戻った。翌日はオルノピレン経由でプエルトモンに戻り、プコン方面へとレンタカーで北上した（70ページへつづく）。

温泉の碑は数少ない人工物

チャーターした中型ボートは沖合に停泊させる

エンジン付きのゴムボートに乗り換え接岸

海を臨む露天が点在する温泉島

ホットスプリングアイランド

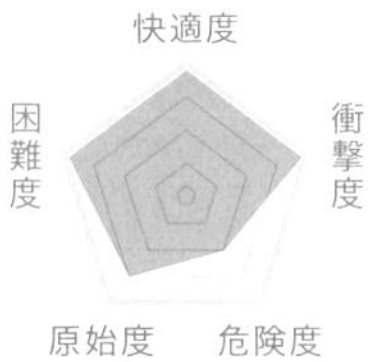

DATA

英語名　Hot Spring Island

場　所　カナダ　ブリティッシュコロンビア州

注意点　水上飛行機をチャーターする。好天時のみフライト可。地震後の状況は要確認

水上飛行機で温泉島へ上陸

「ホットスプリングアイランド」。ずばり「温泉の島」。なんと魅力的な響きだろうか。ウェブで調べてみると、海を臨む岩風呂の写真が見つかる。ぜひ行きたいと計画したが、アクセスは困難を極めた。

バンクーバーはカナダ西海岸の玄関口。ここから飛行機を乗り継ぎ、北西へ750キロの太平洋上にあるハイダ・グワイ（旧名クイーンシャーロット諸島）へ向かう。大小150の島々のひとつが無人の「温泉島」。諸島の中心、クイーンシャーロット・シティから水上飛行機をチャーターするしかない。

クイーンシャーロット・シティは人口850人ほどの小さな村だが、群島の観光拠点となっている。温泉島へ向かうため、大枚をはたいて水上飛行機を予約。その際、雨や強風ですぐに欠航となることや、干潮に近い時刻は接岸できないとの説明を受けた。「温泉の神」が味方してくれ

島へは6人乗りの水上飛行機を利用する

波打ち際のもうひとつの露天風呂も湯心地は最高

たか、翌日は無風の好天。40分のフライトで温泉島近くに着水した。

温泉島と言っても、どこでも温泉が湧くのではなく、島の南西岸に集中している。だが、飛行機は反対の北東岸にしか着水できないので、島を横断して温泉に向かう必要がある。飛行機会社の配慮で、島に詳しいハイダ族の女性が同乗してくれた。日本人に似た彼女の案内で島を横断する。

まさに絶景！ オーシャンビューの露天温泉

苔むした樹林帯を進み、10分ほどで視界が開けると温泉エリアに到着。26か所も源泉があるが、湯温は32℃から77℃とバラつきがあり、入浴できるのは10か所ほど。

簡素な湯小屋もあるが、ここでは

温泉へは島内の樹林帯を横断する

空から見た島。着水場所は右上（北東）で、温泉は左下（南西）にある

操縦士とその友人。乗客は5人乗れるので、写真のモデルになってもらうことを条件に、操縦士の友人4人に同乗してもらった

ぜひ露天風呂に入りたい。岩礁地帯を挟んで東西2か所に、20人程度が入浴できる大きな露天風呂がある。西側の湯は特に素晴らしく、湯温、深さ、眺めともに申し分ない。塩味と金気味の混ざった泉質で、硫黄臭も感じられる。もう一方の、満潮時には波をかぶるという岩場の露天風呂も心地よい。島へのアクセスは困難で費用もかかるが、行く価値のある温泉だった。

　なお、筆者が温泉島を訪れた直後の2012年10月にマグニチュード7・8の地震が生じ、温泉の湧出が止まってしまった。工事を経て再開したというが、コロナ禍の影響もあり、現状はよくわからない。あまりにも貴重な温泉のため、地震前の姿を掲載したが、訪れる際は最新の情報を確認してほしい。

温泉のまわりにはバンガローが建っている

温泉への途中には貝がらの道しるべがある

異国とは思えない朱塗りの遊歩道

ヘオメトリカス

DATA

英語名　Geométricas

場　所　チリ　ロスリオス州

注意点　時間帯で異なるが入浴料は3000～4000円程度。ただ満足感は高い

朱塗りの遊歩道と水車を見ながら奥に進む

遊歩道を最後まで歩いていくと滝につきあたる

遊歩道沿いには温泉の
露天風呂が次々と現れる

富士山によく似たヴィジャリカ火山

まるで日本!?
渓谷沿いの「和風」露天風呂

首都サンティアゴの南650キロ、プエルトモンからは北へ350キロ。先住民族の言葉で「山々への入口」を意味するプコンは人気の観光地だ。富士山と見紛うようなヴィジャリカ火山やヴィジャリカ湖などの観光資源に恵まれ、四季を通して多くの観光客が訪れる。

この地域は温泉も豊富で、滞在型のリゾートホテル、家族向けの温泉プール、野趣溢れる野湯など、実に多彩な温泉施設がある。観光地だけあって道路も整備されている。プエルトモン(65ページ)からレンタカーで北上し、プコン周辺の温泉を回った。

最も印象的だったのがヘオメトリカス温泉。朱塗りの遊歩道と露天風呂が織りなす光景は、どことなく和風で親しみやすい。地球の真裏にこのような温泉が存在するのは実に興味深い。

約500メートルの渓谷沿いに、大小取り交ぜて20の露天風呂がある。随所で高温の源泉が湧き、中には沸騰温度に近い源泉もあって、猛烈な蒸気が立ち込める。源泉の種類や源泉からの距離によって、露天風呂の温度は異なる。それぞれの浴槽に湯温が記されているので、好みの場所で浸かればよい。

遊歩道の終点が気になり、最奥へと歩いてみた。崖が左右に迫って遊歩道の幅が狭くなったり、谷間に射しこむ木漏れ日が美しかったり、温泉水で回る水車があったりして飽きない。やがて一筋の直瀑の滝つぼで道は終わっていた。とにもかくにも、美しい光景が印象的な温泉だ。

プコン周辺は絶景温泉の宝庫

このエリアには20を超える温泉がある。可能な限り回ってみたが、よかった温泉をふたつ紹介したい。ひとつはエルリンコン温泉。鬱蒼たる木立の中に手作りの露天風呂がいくつかある素朴な施設。中でも滝を眺められる木桶の露天風呂が素晴らしい。歩いてみると、どの露天風呂も滝が見える位置に設けられているのがわかった。商売っ気がなく、途中の案内看板もない。営業しているかどうかもわからず、おそるおそる門をくぐると、老人が孫と一緒に無言で薪を割っていた。

もうひとつはペウマイェン温泉。立派な屋内温泉もあるが、渓流沿いの岩風呂からの眺めが格別だ。チリの温泉は「景観」に配慮した施設が多く、つい外国にいることを忘れてしまう。

エルリンコン温泉の滝見露天風呂は木桶で作られている

ペウマイェン温泉の露天風呂からの眺め

窓の大きなペウマイェン温泉の内風呂

干潮時限定温泉は少女たちが入浴中

カフィア

駐車場から高い砂山を乗り越えてビーチへ急ぐ

広いビーチの一角だけに温泉が湧く

潮が満ち、バギーの荷台に乗って少女たちは帰っていった

DATA
英語名　Kawhia
場　所　ニュージーランド　ワイカト地方
注意点　無料。入浴できるのは好天時で干潮時刻の前後1時間のみ

入浴できるのは干潮時のみ時間限定レア温泉

ニュージーランドのコロマンデル半島にはホットウォータービーチと呼ばれる有名な温泉がある（50ページ）。干潮時に砂浜を掘ると湧き出す温泉を目当てに、多くの観光客が訪れる。実は、干潮時のみ入浴できる砂浜温泉がもうひとつあるのだが、周囲に他の温泉も観光スポットもなく、ほとんど知られていない。満足に入浴できるのは干潮の前後各1時間のみ。タイミングと天候を見計らい、オークランドから往復6時間かけて出かけてみた。

温泉の湧くオーシャンビーチに到着。駐車場から砂山を上ると、タスマン海と砂浜が目に飛び込んでくる。人だかりができている場所に近づいてみて呆然。砂浜を掘って作った即席の露天風呂に少女たちが腹ばいで入浴し

ているのだ。6～7歳の女の子ばかりが15人ほど。色とりどりの水着は絵になるが、カメラを向けてよいものか逡巡する。怪しい東洋人が少女たちの水着写真を撮影して、捕まったら大変なことになる。かといって、このまま眺めているだけでもすでに十分な不審者だ。まもなく潮が満ちてきた。意を決し引率の先生ににこやかに話しかける。日本から来たこと、温泉を回っていること、いつか本を書いてみたいことを伝えてみた。すると、1人の先生が「このおじさんが写真を撮ってくれるって」と声をかけてくれて貴重な一枚を撮影。あっという間に潮が満ち、足湯しか楽しめなかったが、忘れえぬ一湯となった。

湯と水が混ざった川が適温の温泉

ニンボリ

古都ムンバイ郊外の水量豊かな川湯に浸かる

ムンバイを州都とするマハーラーシュトラ州には数多くの温泉地がある。とりわけ、ムンバイから北へ70キロのタンザ（タナサ）川流域には地元密着型の温泉が点在している。そのひとつがニンボリ温泉だ。

ヴァジュレシュワリ寺院（156ページ）から北へ5キロのニンボリに6つの源泉がある。中でもタンザ川の岸から湧く温泉が素晴らしい。約50℃の温泉は岩盤に穿った溝を通して川へと注ぐ。源泉に近い場所は温かいが、離れるにつれて湯温は下がる。だが、暑いインドではぬるい

DATA

英語名　Nimboli
場　所　インド　マハーラーシュトラ州
注意点　かなり熱いが川の湯は気持ちいい

川原の温泉へは川中を歩いて行くしかない

村の入り口にある別の源泉

原野の中の露天風呂。男性用の浴槽は開放的で遮るものはない

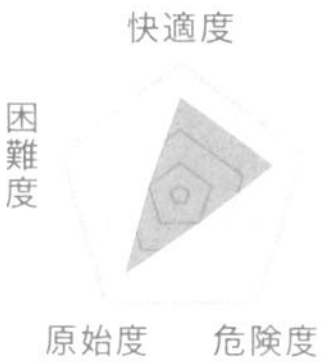

くらいがちょうどよい。男性はパンツのみを着用し、女性は着衣のまま入浴する。川の中でシャンプーや石鹸を使用している人もいるが、水量が豊かなので、水はきれいだ。

川の湯以外だと、集落の入り口にレンガ積みの源泉池がある。50℃近い源泉で浸かるのは難しいので、タオルを濡らして、かけ湯のように利用する。また、150メートルほど先の原野には、さらにふたつの露天風呂がある。ブリキ板の壁が目隠しとなっているのが女性用。男性用はマンダキニ山の稜線を正面に眺める位置にある。どちらの浴槽も澄んだ透明な湯で、浴槽の底の地形がはっきりとわかる。源泉の湧く場所をそのまま囲っただけの露天風呂で、かすかに硫黄臭が感じられる。ここも50℃近い高温のため、かけ湯方式で利用する。

アフラ

砂岩の崖に囲まれた峡谷の湯

DATA
英語名　Afra
場　所　ヨルダン　タフィラ県
注意点　有料。木～土曜が混雑する

秘密の古代遺跡のような共同浴場

アラビア半島の付け根に位置するヨルダン。2000年以上前に崖を削って作られた都市遺跡のペトラは人気の観光地。温泉では、落差25メートルの湯滝、マイン温泉（51ページ）が有名だ。

アフラ温泉（ハママトアフラ）は伝統的な建築法による美しい浴舎が特徴。首都アンマンの南160キロ、タフィラ県に入ってすぐの山間部にある。険しいV字谷を進むと突然周囲が開けて、川の向こうの崖下に細長い浴室棟が築かれているのが目に入った。砂岩を切り出してレンガのように積み上げた浴舎が、周囲の景観と溶け合っている。

館内に入ってすぐの源泉槽。ミストサウナとして利用される

巨岩が覆いかぶさるような女性用浴室

右手は岩壁、左手は峡谷という細い通路に設けられた男性用浴室

他に入浴客がいないため、係の人が丁寧に説明してくれた。ここには、45～48℃の源泉が15か所あるという。イスラム教の安息日は金曜で、前後の木～土曜は混雑するが、今日は日曜なので空いているとのこと。

橋を渡り上流側に向かうと、右手にサウナ室があった。深い穴から湧く温泉の蒸気で室内は濛々としている。まさに天然のミストサウナだ。その奥は女性用の浴室だが、「誰もいないので入ってよい」と言われた。屋根付き壁付きの浴室に浴槽がひとつ。大きな岩が浴室に突き出し、自然の地形を損なわない造り。湯温もちょうどよい。その奥にある男性用の浴室は、4つの浴槽が連なる開放的な造りだ。湯の入れ替え中で、空っぽの浴槽もあるが、午後にはすべての浴槽が満杯になるという。

ギリシャ国境近くの高温の湯川

ルピテ

DATA

英語名　Rupite

場　所　ブルガリア　ブラゴエヴグラト県

注意点　川原の野湯は無料。有料の共同浴場と源泉公園が隣にある

高温の源泉が川となって池へ注ぐ

東欧のブルガリアにも温泉はたくさんあり、ローマ帝国時代からの古湯も多い。首都ソフィアから南へ約180キロのところにあるルピテは、野趣溢れる川と池の温泉で知られている。ギリシャ国境が近いので、テッサロニキ（30ページ）からも車で2時間あれば着く。

ルピテは火山の噴火物が固まって形成されたコジュフ・プラニナという死火山の麓にある。温泉利用の歴史は古く、紀元前にトラキア人が築いた都市遺跡が残っている。公園内には日帰りの男女別浴場や高温の源泉池が見学用に整備されているが、ここでは、その先の川原にある野湯を紹介したい。

公園から未舗装路を進むと、駐車場脇に大小の池が見える。これらがすべて温泉なのだ。入浴は無料。利用者はみなブルガリア人のようだ。池へと注ぐ温泉の元へ遡っていくと、小さな源泉槽にたどり着いた。ゴボゴボッと猛烈な音を立て、高温の温泉が湧きだしている。源泉の温度は71〜78℃。硫黄臭もはっきりと感じられる。湯の川は結晶で固まり、源泉付近は赤く、遠ざかるにつれて薄いオレンジ色の析出物が川床を埋めている。冬にはあたり一面が温泉の湯気で曇るほどだそうだ。

川の流れは次々と分岐し、大小さまざまな池を形成する。最も大きな池は広大なぬる湯。源泉付近と違い、硫黄臭もほとんどない。ランチボックスを持参して終日くつろぐ家族連れが多いという。

最も大きな池はぬるめ。泥が底に沈んでいて、泥パックを楽しむ人もいる

みなが好みの場所を探して浸かっている

キリル文字によるルピテの表示

野湯の源泉槽近くは真っ赤に染まっている

森の中の「古代遺跡」が露天風呂

ロウアー・ブサ

DATA
英語名　Lower Busa
場　所　フィジー　ビティレブ島　バラビ
注意点　温泉を所有する宿か周辺の民宿の有料ツアーに参加する

川を渡り竹をかき分け
遺跡のような秘湯へ

300余りの島々から成る南太平洋のフィジー。トロピカルなリゾートアイランドのイメージが強いが、100以上の源泉を持つ温泉大国でもある。深い森の中のとっておきの秘湯を紹介したい。

国際線の玄関口は最も大きなビティレブ島のナンディ空港。ナンディから島を周遊する道路を反時計回りに100キロ進むと、コーラルコーストの一隅にナビティ・リゾートがある。目指す温泉はこのホテルが所有している。温泉へ行くには宿泊客向けのオプショナルツアーに参加するか、周辺の許可された宿に頼むしかない。

ホテル近くの小川（ブサ・クリーク）の右手に森へと進む道があった。途

温泉へ向かうには倒竹をかき分けて……

川を 10 回以上もわたっていく必要がある

露天風呂は肩までじっくりと浸かることができる

中で車を停めて約3キロ。45分ほど歩く必要がある。かなりアップダウンのある道で、倒木や倒竹が多い。

徐々に道が険しくなってきて、急な坂を上った先についに温泉が見えた。石垣のような岩風呂はまるで古代遺跡のようだ。長方形の岩風呂が上下2段に並んでいる。上段の浴槽には43℃の源泉が注ぎ、そのオーバーフローが下段に注ぐ。無色透明の湯で、湯量は豊富。

浸かってみると、下段の湯は38℃。暑い中を歩いてきたので気持ちがいい。思わず手足を伸ばしたくなる。覆いかぶさるような木々の下、鳥のさえずりを聞きながら浸かる岩風呂は最高だ。フィジーのナンバーワン温泉であろう。なお、上流にはアッパー・ブサ温泉もあるが、丸一日の登山が必要とのこと。

アフリカの砂漠に湧く豪快な野天風呂

アインゴマ

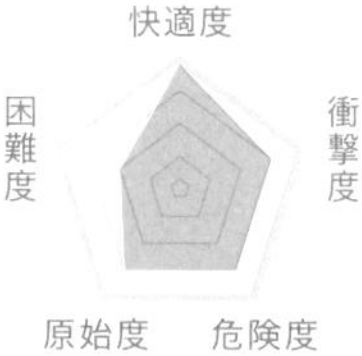

DATA

英語名　Ain Gomaa

場　所　エジプト　ギザ県　アルヘイズ

注意点　バウーティからツアー参加か車をチャーター。外務省安全情報を参照

幸運にも（?）砂漠の真ん中で温泉を掘り当ててしまった

エジプトと聞けばピラミッドやスフィンクスが思い浮かぶ。砂漠の国で温泉と結びつきにくいが、実は数多くの温泉がある。ロケーションにこだわった本章の最後は、砂漠の絶景温泉で締めくくりたい。

エジプトでは水を求めて各地で井戸を掘削してきた。だが、冷水でなく温泉を掘り当ててしまうことがたびたびある。水が必要な人にとってありがたいのかどうかわからないが、結果としてエジプトの各地で温泉が湧いているのだ。

中でも、西方砂漠のバハレイヤ・オアシスからファラフラ・オアシスにかけては数十もの温泉がある。周辺には白砂漠や黒砂漠などの景勝地があるので、周辺の安全情報を確認した上で訪ねてみたい。

アインゴマは、バハレイヤからファラフラ方面へ50キロ南下した場所にある。筆者はエジプトで20か所ほどの温泉を訪ねたが、間違いなくアインゴマがナンバーワン。砂漠らしいロケーションで湯量が豊富、しかも適温の湯という点で他の追随を許さない。

浴槽に浸かってしまえば、目の前は一面の砂漠。37℃くらいの湯は少しぬるいが、灼熱の砂漠ではちょうどよい。何しろ肩まで浸かれる深さがあるのがありがたい。

白砂漠を観光するツアーの最後に、希望者がいればこの温泉を組み込んでくれるという。車を手配しにくい人には、バハレイヤの中心集落バウーティを発着するツアーへの参加がおすすめだ。

風化した奇岩が点在する白砂漠の風景

排出された湯は再び砂漠に戻っていく

温泉への道。砂漠と言っても草木は生えている

column

2

ハワイのオーシャンビュー温泉

ビーチリゾートのイメージが強いハワイにも温泉がある。一番大きなハワイ島のアハラヌイパーク温泉が最も有名だ。波打ち際に広大な露天風呂があり、太平洋を眺めての入浴を楽しめる。火山活動で温められた湯が溶岩層から湧き出しており、源泉は80～90℃と高温。だが、プールはとてつもなく広く、海からの水も混ざって全体的にはぬるめ。味は海水そのものだ。「ヤシの木の下に駐車すると、ヤシの実が落ちて車を傷つける恐れがある」という表示も面白い。

ところが、2018年のキラウェア火山の噴火で被災し、温泉は閉鎖。火山の恵みの湯の復活を待ちたい。

3

「噴泉・気泡湯」大地の活発な営みを体感したい

「噴泉・気泡湯」の楽しみ方

地中から勢いよく温泉を噴き上げ続ける「噴泉」。時間を置いて噴出する場合は「間欠泉」と呼ぶ。勢いのある噴泉や間欠泉は見て楽しく、地球が生きていることを実感できる。

ニュージーランド
北島にある広大な地熱地帯のオラケイコラコ。噴泉や石灰棚などを見学できる周遊路が整備されている

インドネシア
ジャワ島のチソロックは、世界最強のミストシャワー温泉だ。川の水と混ざって適温の場所なら、勢いある噴泉直下で入浴できる

一方、二酸化炭素（炭酸ガス）を豊富に含むのが「炭酸泉」。地中に比べ地表では、温泉に加わっていた圧力が低下する。このため、溶け込んでいられなくなった二酸化炭素が気体となって、ブクブクと泡立つ。炭酸泉に浸かると、身体にまとわりつく気泡が心地よい。炭酸ガス以外が主成分の場合もあるので、「気泡湯」という総称も使われる。この章では日本では見られないスケールの噴泉や気泡湯を厳選したので、一緒に楽しんでほしい。

ニュージーランド
流れる川自体が温めの炭酸泉というワイタンギソーダスプリングス。温泉地ロトルアの近郊にある

日本
秋田県の奥々八九郎温泉は日本で最強の炭酸泉。以前は自由に入浴できた

特集3

文明の十字路「コーカサス」の噴泉・濁り湯（前編）

大国に翻弄されてきたコーカサス諸国

カフカス山脈の南に位置するジョージア（グルジア）、アルメニア、アゼルバイジャンの3か国をコーカサス（カフカス）諸国と総称する。東をカスピ海、西を黒海に挟まれた地域は、東西文明が行き交う要衝だ。様々な民族が居住しているため、「文明の十字路」「民族の十字路」と呼ばれている。

北はロシア、南はトルコとイランという大国に挟まれているため、長らく他民族の支配を受けてきた。19世紀前半からロシア（旧ソ連）の支配下に置かれたが、ソ連の崩壊に伴い1991年に3つの国は独立した。

まもなくアルメニアとアゼルバイジャンの間でナゴルノカラバフ地方の領有をめぐる争いが勃発。1994年の停戦以来、ナゴルノカラバフとその西側地域はアルメニアの支配域となった。しかし、2020年の戦争ではアゼルバイジャン側がナゴルノカラバフの中心地域を除いて奪還した（104、126ページ）。

一方、2008年にはロシアがジョージアに侵攻し、国土の一部を奪取して保護下においた。今でも南オセチア（118ページ）とアブハジアはジョージアの統治が直接及ばぬ地域となっている。政治や紛争は本書の目的外であるが、この地域を旅する際には最低限の知識を身につけておきたい。

知られざる温泉大国

コーカサス地方では、昔から鉄分を豊富に含む強めの炭酸泉が湧いている。ナルザンと呼ばれ、飲用・浴用に用いられてきた。また、ジョージアの首都トビリシは「温かい」という意味。伝統的なトルコ風の温泉浴場が今でも利用されている。噴泉や濁り湯など、コーカサスには魅力的な温泉が、たくさんあるのだが、日本人にはあまり知られていない。

筆者は2016年に、ジョージア、アルメニア、アルメニア影響下のナゴルノカラバフの順でこの地域を旅した。それぞれの国で車を手配しての旅だったが、当時のナゴルノカラバフの温泉は現在、アゼルバイジャン領となっている。本書では、そんなコーカサス地域の魅力的な噴泉を3章で、濁り湯を4章で特集する。

ジョージアの首都トビリシのトルコ式温泉浴場

コーカサス諸国
100km
トゥルソ渓谷
(P118)
3
南オセアチア
ロシア
2 ムツヘタ
ジェルムーク
(P100)
1 トビリシ
イスティス
(P126)
ハンカヴァン
(P122)
7
アルメニア
アゼルバイジャン
ブジュニ 8
17
セヴァン湖
9 エレバン
ズアル
(P104)
14
ハンケンディ
(ステパナケルト)
13
15
12
10 アララト
トルコ
11
グラヴ
(P98)
ハク
(P112)
16
ナゴルノクラバフ

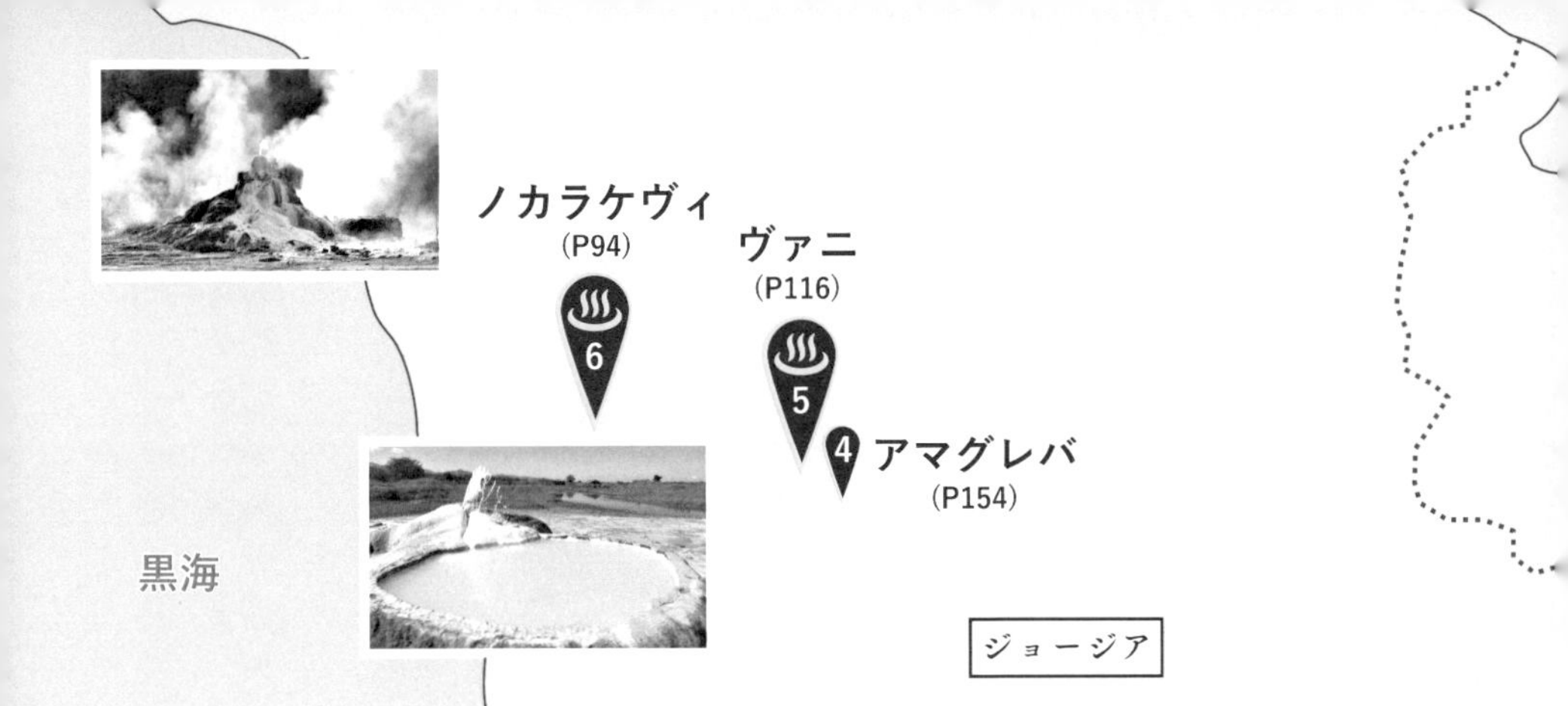

● 旅程

イスタンブールから空路でジョージアへ→①トビリシで温泉に浸かって１泊→車で②ムツヘタからグルジア軍道を北上→③トゥルソ渓谷→①トビリシに戻って１泊→④アマグレバ→⑤ヴァニ→⑥ノカラケヴィ→⑤ヴァニ近郊で１泊→①トビリシに戻り、バスで国境を越えアルメニアの⑨エレバンで１泊→車で⑦ハンカヴァン→⑧ブジュニ→エレバンで１泊→⑩アララト→⑪グラヴ→⑫ジェルムークで１泊→⑫ジェルムークの野湯→⑬ハンケンディで１泊→⑭ズアル→⑮イスティス→⑯ハク→⑰セヴァン湖で１泊→⑨エレバンに戻る

1

トビリシ（ジョージア）の個室温泉の例。硫黄臭のする源泉がかけ流しだ。

8

アルメニアのハンカヴァン近くのブジュニ鉱泉。こうしたナルザンは随所で見られる

10

アララト山とホルヴィラップ修道院（アルメニア）

13

ナゴルノカラバフのシンボル。「我らの山」とも「祖父母像」とも呼ばれる

噴泉塔・石灰華滝・川湯の競演

ノカラケヴィ

DATA
英語名　Noqalaqevi (Nakalakevi)
場　所　ジョージア　サメグレロ＝ゼモ・スヴァネティ州
注意点　無料。噴泉塔は高温。柵内に入るのは自己責任で。川湯はぬるい

まるで映画のワンシーン！ 逆光にきらめく噴泉塔を発見

大相撲の栃《とち》ノ《の》心《しん》関の故郷としても知られるジョージア。独自の文字をもつ歴史ある国で、ワインをはじめ料理がとてもおいしい。筆者はトルコのイスタンブールを経由してジョージアに入国。トビリシの北西30キロのムツヘタを経て、さらに西へ250キロのノカラケヴィに向かった。ここは、かつての政治・文化の中心都市で、当時の遺跡も残されている。

　村の郊外まで未舗装路を進むと、木立が開け、猛烈な蒸気が立ち込めていた。源泉は75℃と高温なため、柵が設

世界遺産に登録されているムツヘタのスヴェティツホヴェリ大聖堂

山腹にはかつての城壁が残る

けられているが、自己責任での入場は黙認されているようだ。高さ1メートル強の噴泉塔がふたつ。それぞれ勢いよく湯を噴き上げている。ヤケドしないようにとの配慮だろう。どちらも錆びた一斗缶が被せられ、天高く噴出するのを抑えている。どこまで噴き上がるのか見てみたいが、一斗缶は噴泉塔に完全に固着して、もはや分離できない。

噴泉塔からの湯が流れる川床は白い沈殿物で覆われている。逆光だと、立ち込める蒸気が噴泉塔の光背のように白く輝き、映画のワンシーンのようだ。

逆光にきらめく噴泉塔の写真をウェブで見つけ、行ってみたいと思ったのだが、まさに同じ条件で見学できたのは幸運だった。

もうひとつの噴泉塔と温泉の川

柵の外からみた全景

噴泉塔にかぶせられた一斗缶は外せない

噴泉塔の湯は利用されず、川となって流れていく

噴泉塔からの湯が勢いよく流れる石灰華滝

石灰華滝も野湯もある

時々刻々と姿を変える蒸気を夢中で写真に収めていると、地元の少年が下流側へと手招きしてきた。「何があるのだろう」と興味津々で河原に降りて、右手に向かう。噴泉塔からの川が高さ5〜6メートルの滝となって流れ落ちる場所があり、滝のまわりは真っ白い石灰華で覆われていた。窪んだ部分は藻が繁殖して緑に変色しているが、湯量が多く、絶えず洗われているので、滝全体はまさに純白。またしても歓喜の声を上げて撮影しまくると、少年も嬉しそうに笑ってくれた。

河原の即席露天風呂はかなりぬるめ

ひとしきり写真を撮って落ち着くと、先程の少年がまた別の場所に案内してくれる。滝下の湯が河原を伝って、テレク川に流れ込む地点に、石を敷き詰めた即席の露天風呂が作られているのだ。ひと目見た瞬間「ああ、何とかしてこの温泉に入浴したいという『温泉バカ』がこの国にもいる」と胸が熱くなった。浅いし、湯温も下がって30℃前後しかない。それでも最高に価値のある一湯だった。

それにしても、少年に出会わなければ噴泉塔だけ見て帰るところだった。「温泉の神」が遣わしてくれた少年に、心から感謝する。

切り株状の岩から湧く
強烈な炭酸泉
グラヴ

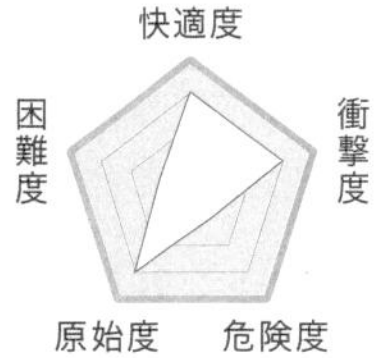

DATA
英語名　Grav
場　所　アルメニア　ヴァヨツゾル地方
注意点　無料。冷泉なので夏以外は飲泉のみ。外務省安全情報を参考に

陸路でアルメニアへ入国 アララト山を仰ぎながら南東へ

アルメニアは西暦301年に世界で初めてキリスト教を国教化するなど、長い歴史と文化を有する。トビリシ（ジョージア）からアルメニアの首都エレバンまでは300キロ弱。直行バスで5時間ほどの道のりだ（鉄道もあるが時間は倍くらいかかる）。

アルメニアでは随所で清冽なナルザンが湧いている。本書ではミネラル豊富な冷泉を鉱泉と呼ぶが、中でも最も印象的だったのがグラヴ鉱泉。大きな切り株の表面を気泡が覆う写真をウェブで見つけて、探しに出かけた。

エレバンから南下すると、まもなくアララト山が見える。ノアの箱舟がたどり着いた伝説で知られるアララト山は、アルメニア人にとって心

鉱泉が流れ着いたプールでは炭酸が抜けている

衝立で仕切られた３つの露天風呂

の故郷。山頂はトルコ領なのでアルメニアからは仰ぎ見るだけだが、なだらかな稜線が美しい。東へ進むと、エレバンから約2時間でヴァヨツゾル地方のアガラカゾル村に到着した。「ゾル」は渓谷の意味だという。

鉱泉が湧き出す切り株の正体は？

村のはずれに目的の鉱泉があった。気泡とともに湧き出す鉱泉が音を立てて溢れ、川となって流れていく。きめ細やかな気泡の炭酸泉としては世界屈指であろう。

口に含むと、塩味と苦みのバランスがよく飲みやすい。写真では切り株に見えたが、実は岩だった。析出物が岩の表面を覆いなだらかな凹凸を形成しているのだ。

溢れた炭酸泉は大地を茶色に染めて、流れていく。先を追っていくと、衝立で仕切られた3つのスペースに、岩をくりぬき一人用の露天風呂が作られていた。気持ちよい炭酸泉に浸かりたいと考えた『温泉バカ』がどうやらアルメニアにもいたようだ。冷たいが、炎天下の夏場とあって気持ちよい。

毎日鉱泉を汲みに来るというおじさん。うらやましい限りだ。
写真の左奥に３つの露天風呂が見える

ジェルムーク

最大の温泉郷に湧く炭酸間欠泉

DATA
英語名　Jermuk
場　所　アルメニア　ヴァヨツゾル地方
注意点　野湯は無料だがクマに注意。外務省安全情報を参考に

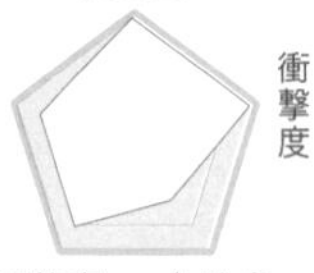

アルメニアにもあった「鹿の湯」

グラヴ鉱泉からさらに東へ50キロのジェルムークは、アルメニア最大級の温泉地。丘陵地の崖と橋と建物が奏でる町並みが美しい。旧ソ連時代に建てられた保養所はほとんどが閉鎖され、廃墟となったホテルが解体されずに残っている。一方、西側資本の新しいホテルが次々と開業し、町は日々激変している。

アルメニアの中東部は湯温の高い炭酸泉が多い地域。ジェルムークも、アルメニア語の「温かい」に由来する地名だ。源泉は20か所以上あり、最も高温の源泉は64℃。またジェルムークには、猟師に撃たれた鹿が泉に浸かり、

鹿がデザインされたミネラルウォーター

ソ連時代に作られた町中の飲泉場

元気になって逃げていったという温泉発見伝説がある。日本各地の「鹿の湯」や長野県の「鹿教湯《かけゆ》温泉」と同じで面白い。鹿は温泉のシンボルで、ミネラルウォーターのボトルにも描かれている。

温泉は飲用と浴用の両方に使われる。ソ連時代に建てられた豪壮な飲泉場は今でも現役。古代ギリシャ風の列柱廊の壁面に5つの飲泉壺が並んでいる。一番手前は30℃のぬる湯で、奥へ進むにつれて湯温が高くなり、最奥は53℃。少し苦みがあるが飲みやすい。多くのお年寄りが紙コップをもらって飲泉を楽しんでいた。

町中には医師の指導で入浴を楽しむヘルスセンターもあるのだが、本書では郊外に湧く豪快な野湯を紹介したい。自力で行けない場合は、ジェルムークから日帰りで野湯を訪ねるツアーを利用できる。

野湯へと続く道。四輪駆動車以外は入れず、30 分ほど歩く必要がある

最初の炭酸鉱泉。これは冷たい

数分間隔で炭酸ガスを発表する野湯

近くのダム湖脇に温泉への道があった。未舗装路で道路状況は徐々に悪くなる。四輪駆動車でなければ、途中で車を停めて歩いて行くしかない。小川を何度か歩いて渡り、15分ほどで最初の源泉エリアに到着した。道の左手の正方形の井戸から炭酸鉱泉が噴出している。鉱泉は斜面をオレンジ色に染めて、川へと流れ込む。これはこれで素晴らしいのだが、本命の野湯を目指す。

　さらに川を2回渡って進むと、左手に緩やかな丘があり、湯を噴き上げる野湯が見えた。秋田県の奥々八九郎温泉（89ページ）のように、赤茶けた大地の一角に32～33℃の炭酸泉が湧いている。間欠的な炭酸泉で、数分周期で強弱を繰り返すのが珍しい。湯口に近いほど赤色が濃く、外側は徐々に薄くなる。

　浴槽はすり鉢状をしていて、深さは腰高くらい。座れば十分に肩までつかることができる。シュワシュワする炭酸感に加え、金気臭と塩味が印象的な温泉だった。

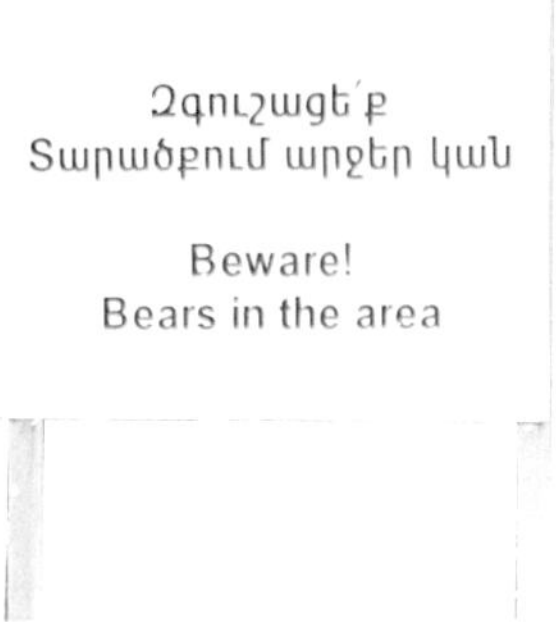

Զգուշացե՛ք
Տարածքում արջեր կան
Beware!
Bears in the area

アルメニア語と英語で書かれた「クマに注意の看板」

温泉の全景

四輪駆動車ツアーで来たロシアからの観光客。このときは噴出が止まっている

「人魚の髪」の別名をもつ温泉街の滝。ただし、滝は温泉ではない

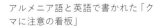

世界的にも珍しい高温の噴泉池

ズアル

DATA

英語名　Zuar

場　所　アゼルバイジャン　キャルバジャル県

注意点　無料。現状不明。武力衝突発生のリスクあり。外務省安全情報を参考に

紛争地域に湧く貴重なジャグジー温泉

まるで爆発したかのような噴泉と色鮮やかな析出物。ジェルムーク（100ページ）より規模が大きく、世界屈指の貴重な湯だが、知る人は少ない。この温泉はアルメニアとアゼルバイジャンの紛争地域に湧いており、筆者は2016年にアルメニア経由で訪れた。現在はアゼルバイジャンの統治下にあり、現況は不明。しかし、あまりにも貴重な温泉なので、当時の状況を紹介しておきたい。

ナゴルノカラバフの中心都市はアゼルバイジャン語で「ハンケンディ」、アルメニア語で「ステパナケルト」と呼ばれる。目指す温泉は車で2時間半のキャルバジャル県にある。道は途中から未舗装

温泉の全景。奥側がぬるめ浴槽、手前が源泉池

溢れた湯が注ぐタシュクン川の川岸

地元の青年は、熱くてメインの池は入れないという

となるが、道路状態は悪くない。やがて左手に開けた場所が見えると、温泉に到着だ。

メインの浴槽は直径5メートルほどの円形。沸騰した湯のように、ゴボゴボッと泡立ち、時には爆発的に湯の表面が盛り上がる。真夏でも立ち昇る湯気が遠くから見えるほど勢いがある。湯温も40℃強と適温。これだけ湯温が高く、強烈な泡立ちの湯は世界広しといえど、まずないだろう。

析出物もこの上なく美しい。黄色や緑、オレンジの析出物が周囲を染め、ウロコ状の析出物が形成されている。溢れた湯が注ぐ南側の湯だまりは35℃前後で入浴しやすい。

最近は温泉内でシャンプーを使うなどの迷惑行為が増え、入浴禁止措置も考えられているという。貴重な温泉を守るために、節度ある利用を心がけたい。

猛烈な噴気地帯での蒸気浴が名物

エル・ヘイセル

DATA
英語名　El Geiser
場　所　メキシコ　イダルゴ州
注意点　特になし

宿泊できる温泉テーマパーク

イダルゴ州のエル・ヘイセル温泉。英語読みならザ・ガイザー（ザ・間欠泉）となる。メキシコシティから車で北西へ3時間。イダルゴからケレタロへの州境近くにある。広大な敷地内に露天のプールがいくつも並ぶテーマパークのような温泉で、宿泊も可能だ。

まずは噴泉地帯に向かう。2方向に突き出した煙突状の配管から、轟音と共に猛烈な噴気が放出されている。噴気とともに湧き出した湯が、直下の池に注ぐ。湯量は豊富で湯温は60℃。「高温危険」の看板があちこちに立っている。ここでは、温泉入浴と蒸気浴の双方を楽しめる。猛烈な蒸気はまさに天然のミストサウナで心地よい。風向きが一定でないので、同じ人が

エル・ヘイセルの噴気は遠くからでもはっきりと見える。左下がホテル

蒸気をいつまでも浴び続けることにもならず、自然の力をうまく利用しているのがわかる。

噴泉地帯から下ると温泉プールのゾーン。円形のプールや長方形のプール、さらには南国風の樹木に囲まれたプールなどがあり、高台の噴泉地帯から温泉が流れてくる。メキシコ人は熱い湯を好まないので、下流のぬるいプールがにぎわっている。硫黄臭はかすかだが、アルカリ性の湯でツルスベ感がとても強い。

多くの利用客がいても、敷地が広大なので混雑感はない。ホテルに宿泊する人、プールサイドにテントを張って過ごす人、毛布を身体に巻いただけで眠る人。みなが思い思いのスタイルで温泉を楽しんでいた。

奥の噴泉地帯から赤い樋を伝い、温泉が園内に行き渡る

噴泉直下の露天風呂は人気

ボリンケン

噴泉直上に作られた天然サウナ

DATA
英語名　Borinquen
場　所　コスタリカ　グアナカステ州
注意点　快適な宿。サウナは硫化水素ガスに注意

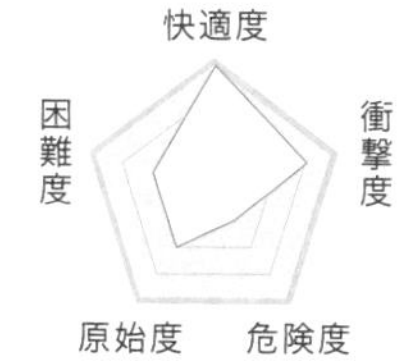

噴泉サウナや泥湯を楽しめる貴重な宿

中央アメリカのコスタリカはエコツアーで人気の国。手つかずの自然の中、珍しい動植物や鳥を観察するツアーが盛んだ。豊かな環境を保護するための国立公園が各地に整備されている。北西部のリンコン・デラ・ビエハ火山国立公園もそのひとつで、世界自然遺産に登録されている。

活発な火山地域だけあって温泉も豊富。温泉施設がエリア内の各地にあるのだが、特筆すべきはボリンケンサーマルリゾートだろう。地熱地帯のど真ん中に建つ一軒宿だ。

フロントの右手は泥浴エリア。脇には露天プールが3つ。ひとつは身体に塗った泥を落とすためのもので、灰色に濁っている。あとのふたつは紅茶のような美しい褐色だ。いずれも適温で臭いはない。

3つの円形露天風呂。ひとつは泥落とし用

広い園内にはコテージ式の客室が並ぶ

地熱サウナの室内（実際はかなり暗い）

泥湯を楽しんでいたカップル

続いて左手の「地熱サウナ」を目指す。六角形の木造建物の屋根から噴煙が勢いよく昇っていて、ドアを開けると噴気でむせそうになった。鼻をつくような強い硫黄臭も感じる。

室内に入ると、ゴボゴボッという猛烈な音が気になる。暗い中、目を凝らすがよく見えない。耳を澄ますと、音は真下からで、噴気は床板の隙間から上がっている。地熱サウナは噴泉の直上に建てられていたのだ。源泉の湧き出す場所に造られた露天風呂や浴槽は「足元湧出湯」と珍重される。差し詰めここは、世界的にも珍しい「足元噴泉サウナ」と呼べよう。

古き湯治場は足元湧出炭酸泉

ナファ

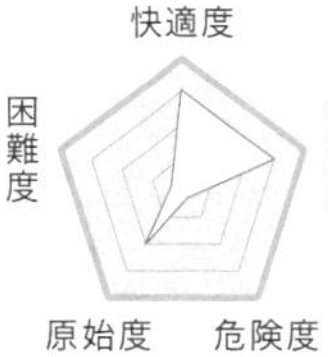

DATA
英語名　Ngawha
場　所　ニュージーランド　ノースランド地方
注意点　シャワーや洗い場はなし

高温の気泡湯で泥湯かつ硫黄泉

環太平洋火山帯に位置するニュージーランドは、ロトルアを中心に温泉観光が盛ん。一方、北島の北部を訪れる観光客は少ないが、貴重な秘湯がポツンとある。

17世紀末に先住民族のマオリが発見したナファ温泉には、素朴な入浴施設が2軒あるのみ。そのうちのひとつ、ジンズ・ナファ温泉は60年近い歳月を経て、ひなびた湯治場のような雰囲気を醸し出している。

コンクリート敷きのスペースに、大小様々な木枠の露天風呂が8つ。どれも源泉が湧きだす場所を囲っただけの「足元湧出湯」というのに驚く。浴槽の底は砂地なので、足を動かすと、足裏が刺激されて気持ちよい。

施設の脇にある池も必見。褐色で気泡が湧き立つ。奥の白い建物がホテル

もう一軒のナファスプリングスはグループや家族向き

この上なくシンプルな脱衣室

露天風呂の多くは灰褐色系の濁り湯。湯温、気泡量、泥湯感はバラエティに富んでいる。右ページの写真手前の大きな浴槽の名はジュビリー（祝祭）。高温の気泡湯で強烈な硫黄泉、しかも灰褐色の泥湯という世界的にもまれな温泉だ。

ここは湯に浸かるだけに特化した湯治場で、シャワーもカランもない。利用者は少ないらしく、日本人だと言うと施設の買取りを懇願された。営業は厳しいようだ。

出版に際し調べてみると、閉業したとの記述。だが、もう1軒のナファスプリングスとともに、別の経営者の元で再出発できたようだ。外見は改装されたが、ひなびた浴場はほぼ変わっていないようで、ありがたい。

column

3

困った噴泉

アルメニアからアゼルバイジャンのラチン地区へと入り、車で西へ1時間ほどの場所にハクの炭酸泉がある。正方形のモルタル壁の中で、猛烈な勢いで鉱泉が湧いている。この地区では、ある日突然、炭酸ガスとともに鉱泉が噴出し、地面が陥没するという。そのまま放置すると危険なので、地元の人たちで囲いの壁を作る。それが「浴槽」に見えるのだ。ただし、高濃度の炭酸ガスを放出しているので、入浴には適さない。長い年月の中で、湧出地点は変化する。以前の湧出場所は空っぽで、今は別の場所に3つの「浴槽」があった。世界にはこんな「困りもの」の噴泉がある。

4

「濁り湯」目にも鮮やかな湯に沈みたい

日本
日本人が好きな濁り湯のイメージと言えばコレ！
（秋田県泥湯温泉 奥山旅館）

「濁り湯」の楽しみ方

日本人は濁り湯を好む。とりわけ、白濁した硫黄泉は、最も温泉らしい泉質として人気がある。鉄分の多い赤茶けた温泉や、メタ珪酸（シリカ）を含むミルキーブルーの温泉

アイスランド
世界最大級ともいわれるブルーラグーンの露天風呂。ミルキーブルーの濁り湯が美しい

グアテマラ
人気のフェンテスヘオロヒナス温泉。緑色の湯は澄んでいて、草津と同じような酸性泉だ

も親しまれている。市販の入浴剤の多くが、着色されているのも、温泉らしい雰囲気を増すためであろう。

アメリカのイエローストーン国立公園では色調が徐々に変わる温泉池が有名だ。湯の温度によって、熱水を好むバクテリアや藻類の種類が異なるため、池の色が変化する。ただし、入浴できる温度ではなく、見学専用だ。

この章では、前章に続き、コーカサス地方の温泉を特集した上で、鮮やかな濁り湯を厳選したので、自分が浸かる姿を想像しながら、楽しんでほしい。

アメリカ
イエローストーン国立公園のグランドプリズマティック・スプリングス。世界一美しい温泉池といわれる。見学者の大きさから池の巨大さがわかる。

特集4

文明の十字路「コーカサス」の噴泉・濁り湯（後編）

牧草地帯にポツンとある美しい野湯

たった一枚の写真が旅先を決めることがある。ウェブでこの温泉を見つけたとき、あまりの美しさに目が釘付けになった。白い石灰華で覆われた乳青色の露天風呂。噴泉のような源泉。周囲の牧歌的な風景。理想を描いたような野湯だ。ただ、ジョージア語の情報しか見つからず、翻訳ソフトを駆使しても、温泉の詳しい場所がわからない。イメレティ州のヴァニ地区に湧いているようなので、あとは現地で探そうと割り切った。

　首都トビリシから西へ250キロで、イメレティの州都クタイシに着く。ここから南へ約35キロのところにあるのがヴァニの町だ。発音的には、ヴァニとワニの中間。ワニの方

コーカサスで一番美しい露天風呂

ヴァニ

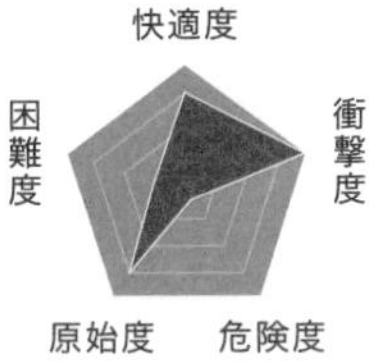

DATA
英語名　Vani
場　所　ジョージア　イメレティ州
注意点　無料。柵は開けたら必ず閉める

逆側からの眺め。ぬるめの小浴槽は拡張されたという

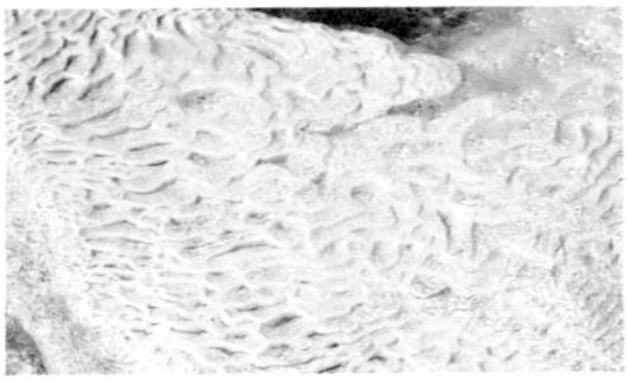

浴槽の縁のウロコ状石灰華

牛や馬の脱走を防ぐ柵の先に温泉がある

が通じるかもしれない。

町中で地元の人に写真を見せると、知っている人がいた。温泉は馬や牛の放牧場の中にあるらしい。柵の先に牧草の生えない湿地が見え、ど真ん中に目指す温泉があった。

温泉の色は完璧なまでのミルキーブルー。湯温も40℃弱あり、体を沈められる深さもある。10人程度は入浴できる、日本人好みの硫黄泉だ。湯口の反対側には一人が浸かればいっぱいになる小さな浴槽がある。メインの浴槽からのこぼれ湯でぬるく、温冷交互浴に向いている。

牧草地で草を食む馬や牛の群れを眺めながらの入浴はまさに夢見心地だった。コーカサス地方の人気が高まるにつれ、ヴァニ温泉のウェブ情報も増えてきた。いつまでも素朴な環境が保たれることを願う。

無人の渓谷に湧く色鮮やかな鉱泉群

トゥルソ渓谷

鮮紅色の大地を流れる鉱泉水

温泉大国ジョージアから極彩色の鉱泉をもうひとつ。首都のトビリシからロシア国境へと北上する。ここは、長きに渡る交戦と交流の道で、「グルジア軍道」と呼ばれてきた。風光明媚な山岳道路のため、トビリシから日帰りツアーで訪れる人も多い。

グルジア軍道の途中に、地元の人がトラバティーニと呼ぶ石灰棚がある。高さ10メートル超の赤い段丘は遠くからでもはっきりとわかる。向かいの道路下の飲泉場では、塩味と苦みの強い炭酸鉱泉を楽しめる。

DATA

英語名　Truso Gorge

場　所　ジョージア　ムツヘタ＝ムティアネティ州

注意点　無料。温かい温泉はなく、色鮮やかな鉱泉が中心。南オセチア情勢次第で渓谷は立入り禁止となる。外務省安全情報を参考に

鮮紅色の鉱泉滝の手前にある巨大な石灰棚。白い部分には鉱泉水が流れている

ここで一休みして、高地のステパンツミンダ（旧名カズベギ）を往復するツアーが一般的。だが、ステパンツミンダの手前で左折した先にある、絶景のトゥルソ渓谷を訪れないのはもったいない。

谷あいの未舗装路を進む。柱状石や切り立ったV字谷が左右に連なり、その先は深い峡谷部。ガードレールはなく、転落したらひとたまりもない細道の連続だ。悪天候時の運転はさらに大変だろう。

冬の厳しさから、旧ソ連時代に廃村となったケトゥリシ集落まで15キロ。未舗装の悪路が続くが、眼前には次々と魅力的な鉱泉が現れる。

中でも印象的なのが、鮮紅色という形容がぴったりの鉱泉滝。下流の池にはオレンジや黄色の帯がグラデーション状に広がっていた。滝の

ケトゥリシの廃村と鉄分豊富な鉱泉川

グルジア軍道脇の赤い石灰棚

中央の白い部分は別の石灰棚。時間がなく行けなかった

手前には、白い石灰棚と鉱泉群があり、粘性の高い成分なのか、雑煮の餅が伸びたように斜面に広がっている。黄色やオレンジのストライプが美しい。鉱泉水が流れ下る表面は棚田状の小さな結晶で覆われている。

行けるか行けないかは運次第

ほかにも、縁取りがオレンジ色の鉱泉池や、川床を赤く染めて流れる川など、ミネラル豊富な鉱泉が作り出す驚きの風景が連続する。ただ、ゆったり浸かれるような高温の湯はなく、見て楽しむ温泉と割り切ろう。ケトゥリシの奥にも廃村がいくつかあるが、ロシア軍と出くわす可能性がある。その先は「未承認国家」の南オセチア共和国。今はロシアの影響下だ。

政情によっては、トゥルソ渓谷への立ち入りが制限されるという。筆者が訪れた時も国連の車が数台、我々を監視するかのように停まっていた。だが、このような事情ゆえ、無人の絶景が手つかずのまま残っている。行けるか行けないかは運次第だが、機会があればチャレンジしてみてほしい。

別の源泉池。まわりは湿地で近寄りにくいが、炭酸鉱泉が流れてくる

国連の監視車を初めて見た！

鮮やかなオレンジ色の濁り湯

ハンカヴァン

斜面に湧く源泉をそのまま利用

アルメニアの南東部には、ジェルムーク（100ページ）などの強烈な炭酸温泉が湧いている。一方、北西部には濃厚な濁り湯が多い。中でも印象的なのがハンカヴァン温泉。エレバンの北80キロ程のところにあり、日帰りも可能だ。

コタイク地方の西外れに位置するハンカヴァン。集落を通り過ぎたどん詰まりの広場の斜面に古びた入浴施設がある。屋根のない個室がふたつ並んでいて、一方には楕円形、もう一方には長方形に近い浴槽がある。貸切りで入浴する方式だ。

DATA

英語名　Hankavan

場　所　アルメニア　コタイク地方

注意点　共同浴場、ホテルとも有料

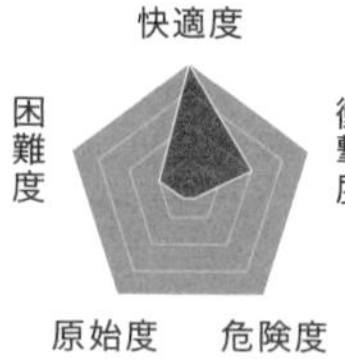

鮮やかなオレンジ色の濁り湯で、浴槽の周囲にはウロコ状の析出物がびっしり。口に含むと塩味とともに強烈な炭酸感が伝わってきた。湯温は約40℃。湯の表面には油状の膜が浮いている。まさに温泉マニアが狂喜する泉質と言える。

温泉に興味があることを伝えると、親父さんが裏の源泉へ案内してくれた。猛烈な勢いで湧き出した湯は斜面を流れ、黄色とオレンジ色の石灰華ドームを形成している。無造作に挿し込まれたパイプから浴室に湯を送っている。湯の使い方も豪快で素晴らしい。

入浴料は高いか安いか……

親父さんは趣味で世界の紙幣を収集しているとのこと。「日本人は初めてなので、日本のお札がほしい」と

町はずれの斜面に建つ素朴な浴場

浴室裏の源泉。流れる湯にパイプを挿して温泉を送るだけ

もうひとつの浴室。析出物が縁を覆っているが、その後改装され、取り除かれてしまったようだ

浴槽の縁のウロコ状析出物。これも改築されてしまった

頼まれる。財布を確認すると、千円札があって助かった（一万円札しかなかったら説明に窮するところだ）。代わりに「入浴料はいらない」と言われたが、千円が安いかどうかは不明だ。だが、「日本の紙幣は初めて」と大喜びしてくれたので、悪い気はしない。

ウェブ情報でハンカヴァンを知ったのは、石灰華ドームの写真がきっかけだった。急斜面に扇状に広がる黄褐色の巨大なドームに強く魅かれたのだ。地元の人に写真を見せて場所を確認すると、ドームは手前のホテルの庭にあったという。だが、ホテルは廃業し湯が枯れて

温泉つきホテル、ナイリ・スパリゾートの外観

ホテルには貸切の個室風呂が２部屋あるだけ

しまったそうで、黒ずんだ遺構を確認できた。残念だが仕方ない。

今は、同じ場所にナイリ・スパリゾートが開業していた。ナイリはアルメニアの国名の古称だそう。温泉浴室があり、日帰り利用もできる。貸切りで利用する個室がふたつあり、デザインはまったく同じだ。半円形の浴槽の湯は黄色い濁り湯だが、湯の出入りは少なく、臭いや味もほぼない。温泉つきの清潔なホテルに宿泊したいならばおすすめだが、湯の新鮮さという点では先ほどの浴場にかなわない。

紛争地域の最奥に湧く超一級の秘湯

イスティス

DATA
英語名　Istisu
場　所　アゼルバイジャン　キャルバジャル県
注意点　無料。現状不明。武力衝突発生のリスクあり。湯温は全体に低い

タルタル川の湯脈沿いを進む

キャルバジャル地方のもうひとつの秘湯を訪ねる。ズアル温泉（104ページ）から尾根をひとつ越えた西側のタルタル川に沿って、数多くの温泉が湧いているのだ。川沿いの道を南下し、最後の集落キャルバジャルを過ぎると、道は次第に悪くなってきた。

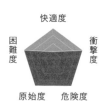

まずは道沿いの開けた場所に最初の温泉を発見。緑に濁った美しい噴泉で、浴槽の周縁はオレンジ色の析出物で染まっている。浴槽の外側もオレンジと緑のウロコ状の析出物に覆われている。湯温は30℃前後と低

キャルバジャル集落を過ぎて最初に現れる噴泉池

廃墟となったホテル脇の温泉露天風呂。湯は今でも枯れていない

いが、湯が盛り上がるように噴出している。間欠泉で、10メートル程の高さまで湯が噴き上がるらしいが、ウェブで調べても噴出間隔の情報がない。メインの温泉までの距離や時間も不明なので、諦めて南下した。

　キャルバジャルから20キロ強進むと、ダム工事の真っ最中。その先の道がどこにあるのか、まったく見当がつかない。工事関係者に尋ね、左手の高捲き道を教えてもらう。一気に登ると巨大なダムの全景が見えた。ダムの完成後に目指す温泉や道路がどうなってしまうのかは不明だ。

一体、いくつの温泉があるのか……

　ズアル温泉を出発して1時間半。廃墟となった建物群が見えてきたら、道は行き止まりとなる。アゼルバイジャン語で温泉を意味する「イスティス」、アルメニア語では「ジェルマジュール」と呼ばれるエリアに到着だ。どちらの言葉でもキャルバジャル地方なので、キャルバジャル温泉という表記も多い。

　廃墟は旧ソ連時代に建てられた保養所の跡。アクセスの悪いこのような場所にまで、鉄筋コンクリート造りの立派な保養所が並んでいたことに驚く。車を停め、峡谷沿いを歩くと、あちこちに石灰華ドームや噴泉が見つかった。

　最も目立つのは美しいエメラルドグリーンの池。湯温の低い鉱泉だが、湯口から天高く噴き上げる鉱泉が浴槽に注ぐ様は美しい。湯口には茶色い析出物がこびりついている。

　その先には、粗削りな間欠泉がある。そばに立つと、ミストシャワーを浴びるような蒸気浴を楽しめる。噴出間隔は短いのだが、噴出の都度、鉱泉だったり温泉だったり、ほとんど蒸気のみだったりと変化するのが面白い。時間があれば周囲をじっくり探検したいが、あたりに泊まれる場所はない。

ソ連時代の保養所の廃墟

噴泉や析出物が次々と現れるイスティスの道。山を越えるとアルメニアのジェルムークに至る

ダム工事現場脇の九十九折の道の先にイスティスがある

温泉と鉱泉がランダムに噴き上がる間欠泉

山中で探し当てた珠玉の硫黄泉

プロサリ

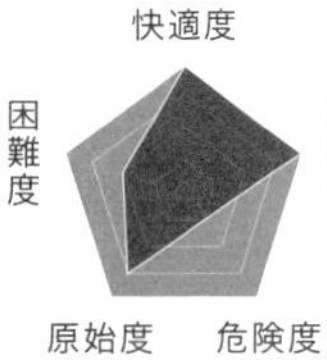

DATA
英語名　Pulosari
場　所　インドネシア　中部ジャワ州
注意点　無料で無人。午後は地元の人で混む

粘り強い聞き込みの末に……

ジャワ島中部の古都ジョグジャカルタ。世界遺産のボロブドゥール遺跡やプランバナン寺院群の観光拠点としても知られる。ここから北西へ115キロにあるのがディエン高原。古くから山岳崇拝の聖地で、ヒンドゥー寺院の遺跡群が点在する。標高は2000メートル程だ。

近くのシキダンは地熱地帯で、噴泉、噴気、熱泥池が形成する迫力ある地熱現象を見学できる。残念ながら、高温すぎて入浴できる場所はないのだが、ウェブ情報を丹念に調べてみると、実に魅力的な白濁湯の写真が見つかった。

プロサリ温泉という名だが、場所を示す情報がない。ディエン高原やシキダンで手当たり次第に写真を見せて尋ねてみると、温泉を知っている人がいた。北西へ約10キロ離れた場所だという。

カワ・シレリという小規模な地熱地帯を過ぎ、再び何度も人に尋ねながら進む。やがて小さな橋に到着。渓流の両岸に上流側へと進む小道があるが、看板ひとつない。右側の道が温泉に通じていると聞いたので、歩いていく。小川のあちこちで白い析出物が層を成しており、小さな石灰華ドームも見られた。

男女で源泉が異なる白濁露天風呂

200メートルほど進むと、川沿いにコンクリート造りの露天浴槽を発見。外壁に岩を貼りつけ、岩風呂風にしているのが嬉しい。パイプから注ぐ湯は45℃くらいで、浴槽内は40℃弱と適温。浴槽の縁に頭を載せてゆったり浸かれる深さがある。周

温泉へは橋の右側の細い道を歩いて行く

猛烈な噴泉のシキダン地熱地帯は観光客にも人気

糸状の硫黄芝が随所で見られる

小川沿いに無数の源泉がある

女性用（右側）が高台にあり、男性用（左側）からは見えない配置になっている

囲に人工物は一切なく、まさに大自然の懐に抱かれた野湯。浸かっていると、東北地方の野湯に浸かっているような錯覚に陥った。

だが、印刷してきた写真と見比べると、少し色味が違う。山側の斜面を登ってみると、白さの際立つもうひとつの露天風呂があった。ほぼ同じ大きさの浴槽で、硫黄臭はさほど強くはない。どちらも山の斜面に突き刺したパイプから、直接湯船に温泉が注ぐ造り。湯温は高台の方が熱めだ。

まもなく、父親と息子2人の3人連れがやってきた。午後になると、仕事や学校を終えた地元の人々が入浴に来るという。上が女性用、下が男性用とのこと。訪れたのは正午過ぎだったため、無人の浴槽の俯瞰写真が撮れてラッキーだった。温泉からの帰り際、家族にカメラを向けると子どもたちが笑顔で応えてくれた。

左：源泉が湧く岩の中にパイプを突き刺し、そのまま浴槽に導いている
下：女性用の浴槽は湯の白さが際立つ

アンデス山脈の懐に抱かれた乳青色の名湯
コリーナ

DATA
英語名　Colina
場　所　チリ　首都州
注意点　ゲートで入園料を払う。夏の週末は混雑する

今や天然の石灰棚のよう！
ミルキーブルーの美しい露天風呂

チリには首都サンティアゴから日帰りできる温泉も多い。野趣溢れる温泉が好きな人にはコリーナ温泉がおすすめだ。サンホセ火山の近く、標高2500メートルの高地に湧いている。

サンティアゴから車で約3時間。マイポ渓谷から先は未舗装路だが、悪路ではない。途中にゲートがあるので、入場料を支払って進む。未舗装の山道をひたすら上り、行き止まりの駐車場に着くと、美しい露天風呂が眼下に広がった。

ミルキーブルーの9つの露天浴槽が山の斜面に並ぶ様は壮観。70℃の源泉が棚田を伝って流れ落ちていくので、上部ほど湯温が高い。とはいえ、水路が細いので湯温は低下して

温泉へのアクセス道は見事な山岳風景の連続

源泉の湧く小さな池

析出物の豊富な源泉はミニ石灰棚を形成中

いて、上部の棚田でも十分入浴できる。最下部は25℃くらいで水風呂に近い。異なる温度の浴槽に交互に浸かると本当に気持ちよい。

なお、棚田は天然の産物ではなく、人工的に掘られたもの。だが、カルシウム豊富な源泉は斜面で析出物の層を成し、棚田の表面に蓄積している。すでに天然と見間違えるような石灰棚が形成されつつあった。

成分濃厚な湯だが硫黄臭は薄いので、肌や衣服に臭いが残らなくてありがたい。浴槽の底には灰色で粘度の高い泥が沈殿していて、泥風呂としても楽しめる。冬季は休業とのことなので注意しよう。

なお、サンティアゴ市内に別のコリーナ温泉があるが、これはホテルの温泉。混同しないようにしたい。

オレンジ色の濁り湯は強烈な気泡湯

モラレス

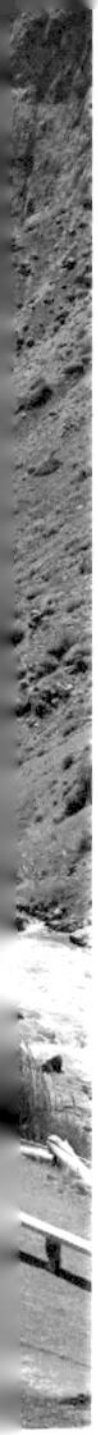

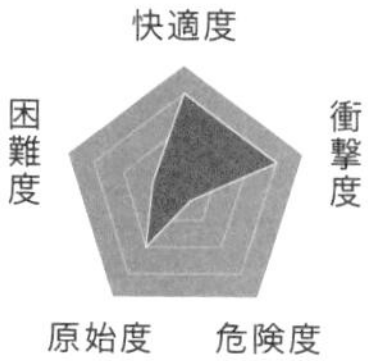

DATA
英語名　Morales
場　所　チリ　首都州
注意点　有料。ぬるめで夏向き

日帰りではしご湯を楽しむ

モラレス温泉は前述のコリーナ温泉（134ページ）の13キロ手前。車があればサンティアゴから日帰りでふたつの温泉を回ることができる。標高1850メートルにある個人経営の施設。敷地内に入ると、鮮やかなオレンジ色の湯が目に飛び込んできた。土類を豊富に含む濁り湯で、炭酸の泡つきが強い。長方形の3つの浴槽が階段状に並んでいる。

一番上段の浴槽脇の崖下に源泉槽があり、白亜紀の玄武岩層から炭酸泉が湧いている。上段の浴槽の底からも炭酸泉が湧き、勢いよく気泡が立ち昇る。湯温は28℃と低く、夏向きの温泉だ。ぬるめなので炭酸成分が飛ばず、肌にまとわりついて、爽やかな清涼感が持続する。口に含むと塩味と炭酸感が強烈で、まるで天

排出された湯はそのままボルカン川へ流れていく

上段から眺めた露天風呂。濁り湯が美しい

然のサイダーのようだった。

モラレス温泉は、両側から急傾斜の山肌が迫るV字谷の斜面にある。傍らを流れるボルカン川の上流には、斑状に雪をかぶったサンホセ火山の雄姿を望める。最下段から流れ落ちる湯は崖を下ってそのまま川へと注いでいく。斜面は析出物で茶色や黄色に染まっており、成分の濃厚さを物語る。

主人は「地震で湯温が下がってしまった」「コリーナより効き目があるのに、訪ねてくれる客は少ない」と嘆いていた。「日本人にぜひ宣伝してくれ」と力説されたからではないが、屈指の濁り湯は一浴の価値があると断言する。

浴槽のふちには析出物が堆積している

上段の浴槽の表面。無数の気泡が見える

column

4
温泉めぐりの移動手段

海外の温泉をめぐるときの交通手段は、主に次の3つが考えられる。

①公共交通機関

台湾や韓国、ヨーロッパなどでは鉄道やバスを利用した温泉旅も楽しい。ただ、地方の温泉と温泉をつなぐ路線は少ないし、入浴時には大きな荷物が邪魔になる。基点となる町のホテルに荷物を預け、身軽に回れるならおすすめしたい。

②レンタカー

荷物を車に載せたまま好きなところへ行けるし、まとまった人数がいれば一人当たりの負担も小さい。だが、海外での運転に慣れていないと不安なもの。交通量が少ない国や地域から徐々に慣れるしかない。写真はアイスランドでの風景。

③専用車

運転手つきレンタカーのようなもので、旅行会社やホテルで予約する。レンタカーより安心で効率的だが、その分、料金は高い。英語を話すドライバーでよければ現地で探せるが、日本語を話すドライバーやガイドが必要なら、事前に日本で予約しておきたい。国や会社によって料金はけた違いに異なる。

5

「変わり種」
想像を超えた
湯に出会いたい

「変わり種」温泉の楽しみ方

豪華な入浴施設より、素朴な共同浴場が好きだという人は多い。今にも朽ち果てそうなオンボロ浴舎に強く惹かれる人もいる。それが高じて「ボロければボロいほどよい」「普通じゃないほどよい」という域に達す

タイ
チェンマイ郊外のバーンヤンプート温泉（チェンダオ土管温泉）。河原に置かれた土管をパイプで結んだ素朴湯。水害で破壊されては修復される。地元の日本人有志の手仕事と聞いて納得だ

台湾
２０１０年頃まで、台湾には魅力的なオンボロ浴舎が多く残っていた。南投県の紅香温泉共同浴場はトタン張りの典型的なバラック浴舎だったが、今は改築されてしまった

ると、もはや常人ではない。だが、侘び寂びや栄枯盛衰のはかなさを好む日本人気質の表れとも言える。

ボロさだけではなく、日本人の想像を超えるような変わり種温泉が世界各地にある。とはいえ、それを探すのは難しい。地元の人はその「価値」を知らないので、ウェブに情報をのせないのだ。この章では、一部のマニアに熱狂的に支持されそうな変わり種の温泉を厳選した。「共感できる」人は一緒に楽しんでほしい。

アイスランド
クラプラの地熱発電所近くで見つけた。噴泉の先に挿したシャワーヘッドから勢いよく温かい湯が注いでいる。洋式便器は単なるオブジェで誰が何の目的で置いたのかは不明

アイスランド
レイキャビク近郊のクヴィカ温泉。手水鉢ほどの大きさで、足湯には小さすぎるし湯が溢れて尻が濡れる。適温なだけに残念

特集5

中米グアテマラの「超変わり種」温泉

安全には十分な注意が必要

「グアテマラを旅してきた」と話すと、「大丈夫？」「安全なんですか」と聞かれることが多い。確かに日本と比べれば、凶悪事件の発生件数はケタ違いに多い。だが、外務省の安全情報では、ほぼ全土が「十分注意してください」のレベル1。これまでに訪れた多くの国と変わらない。

グアテマラにはよく知られた温泉がふたつある。ひとつは滝も滝つぼも温泉というフィンカパライソ（51ページ）。もうひとつは緑色の湯が美しいフェンテスヘオロヒナス（115ページ）だ。ほかにも、マヤ文明の遺跡ティカルや古都アンティグアなど、世界遺産に登録された魅力的な史跡も多いので、現地の旅行会社に相談して温泉旅を計画した。

その際、印象的だったのは「危険な場所に危険な時間に近づくと危険」という言葉。筆者のプランに対し、「その道は夕方になると車を狙う強盗が出る」「十字架の丘は観光警察のいない早朝夜間は危険」など、物騒だが的確なアドバイスをもらい、プランを修正した。おかげで安全な旅を楽しめた。

ここでは、フェンテスヘオロヒナスに近いトトニカパン県の3つの温泉を紹介する。いずれも事前にほとんど情報がなく、現地で驚いた温泉。グアテマラ人からは、「もっといい温泉があるのに」と言われるかもしれないが、「変わり種」特集にふさわしい温泉ばかりだ。好き嫌いは分かれると思うが、驚きの秘湯を一緒に訪ねてみたい。

「十字架の丘」から眺める
古都アンティグアとアグア火山

4

アンティグアの少し先にあるドライブインでの朝食。これにパンがついてボリューム満点！

道院を改修したコロニアル風ホテル「カサ・サント・ドミンゴ」は古都アンティグアの人気の宿

8

グアテマラの市民の足はデコトラのようなチキンバス。突然右手後方の山が噴火したが、誰も驚かない

地方の市場は民族衣装の女性が多い

● 旅程

アメリカから空路で①グアテマラシティへ→車でフィンカパライソに向かい近郊で１泊→②フィンカパライソ→③キリグア遺跡（観光）→④アンティグアで１泊→トトニカパンの⑤グアカ→⑥パラチキート→⑦パシェユ→⑧ケサルテナンゴで１泊→⑨フェンテスヘオロヒナス→④アンティグアで１泊→グアテマラシティに戻る

超「密」な温泉はシャンプーによる白濁湯

グアカ

DATA
英語名　La Guaca
場　所　グアテマラ　トトニカパン県
注意点　現地での呼び名は単に「風呂」Baños。きれいな湯は早朝のみ。荷物の管理に注意

濁り湯の正体は硫黄ではなく……

グアテマラシティから西へ約200キロのトトニカパン県。標高約2400メートルの高地に数か所の温泉がある。まずは県の中心、トトニカパン市内の温泉を訪ねた。ウェブで見つけた1枚のぼやけた写真を手に、地元の人に尋ねてみる。みな場所を知っていて教えてくれるのだが、住宅街でわかりにくい。さんざん迷った末になんとかたどり着いた。

「療養温泉」を示す看板を頼りに建物に入ると、天井の高い浴室内は驚きの光景。半円形の巨大な浴槽に老若男女がびっしりと高密度で浸かっているのだ。見事な白濁湯だが、硫黄で濁っているのではな

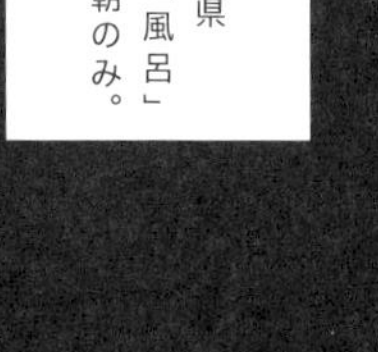

サンミゲル公園の教会が温泉探しの目印。ここから南へ1キロの場所にある

温泉施設の外観

い。洗い場はなく、浴槽内で皆が洗髪したり身体を洗ったりしているため、白濁はシャンプーやせっけんによるもの。頭や身体を洗い流すのも浴槽の湯だ。誰も気にする様子はないが、泉質も何もあったものではない。湯温は完全に人肌だ。

写真右手のお椀型のオブジェの内部は洞窟風で少し温かい。湯口があるのかもしれないが、混んでいて確認できなかった。脱衣所はなく、壁際のベンチで着替えるだけ。写真を撮ってよいか戸惑ったが、地元の人に聞くと「撮れ、撮れ」とけしかけてくれたので、数枚撮影。古老に尋ねると、営業の始まる朝4時はこんなに白くないという。できればその状態で入浴してみたい。

資料をもとにグアカ温泉(テルマス・ラ・グアカ)と名付けたが、現地では単に風呂(バニョス)と呼ばれている。

崖下のボロ小屋に湧く秘密の硫黄泉

パラチキート

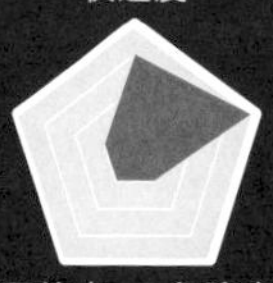

DATA
英語名　Palá Chiquito
場　所　グアテマラ　トトニカパン県
注意点　有料。予約制というが空いていれば利用できるようだ

本当に温泉はあるのか

トトニカパン県の中心から北へ1時間ほどのモモステナンゴ市。地元の人にパラチキート温泉について尋ねると、皆が「町の北のはずれにあるが、プールがあるだけで温泉はない」との返事。白濁した渓流で女性が洗濯をしている写真とともに「硫黄泉がある」とのウェブ情報を頼りに、とにかく訪ねてみた。

パラチキートは丘の斜面にプールや洗濯場が並ぶ素朴な施設。駐車場脇の大きなプールはただの冷たい水で、臭いも味もない。管理人に「硫黄臭のする温泉があるか」と尋ねると、「私たちの土地ではなく町が管理しているので、勝手に案内できない」とつれない返事。だが、チップを渡すと「何でも聞いてくれ」とフレンドリーな態度に豹変した。

プールの奥は緩やかな下り坂で、途中の左手に洗濯場がある。触れてみると、これもただの水だ。その先の右手の崖下から鉱泉が湧いていて、かすかな硫黄臭がする。女性が2人、微白濁の小川で洗濯をしていた。絵になる風景だが、これが硫黄泉ならばちょっとがっかりだ。その先の広場には、ひょうたん型の大きなプール。中学生らしき少年たちが水遊びをしていた。

ついに見つけた「宝物の温泉」

次の瞬間、崖下の粗末な小屋が目に飛び込んできた。脇には白濁した水が流れている。硫黄泉でよく見られる糸状の柔らかな析出物（硫黄芝）が堆積し、独特な硫黄臭が漂う。「これは！」と確信し、管理人の案内も待たずにドアを開ける。見事なミル

施設の入り口の看板。温泉とは書いていない

下り坂の途中には微白濁の鉱泉を利用した洗濯場がある

いきなり広い洗濯場があり、男性も女性も洗濯板を使って洗濯中

洗濯場の脇には滝と微白濁の池があるが、これも冷たい。一体どこに温泉があるのか……

施設奥の真水のプール。子供たちが遊んでいる

湯小屋前から入り口側を振り返る

キーブルーの温泉があった。

　きめ細やかな気泡とともに温泉が湧き、シュワシュワする音が楽しめる。表面には小さな粒状の湯の華が膜のように浮かんでいる。30℃台前半とぬるめだが、洗濯場の鉱泉と違って温かい。和歌山県の湯の峰温泉の「つぼ湯」のような雰囲気で狂喜する。やはり温泉はあったのだ！　しかも足元湧出の素晴らしい温泉だ！　この湯は予約制で入浴できるとのこと。地元の人が知らないのも無理はない。浸かると最初はヒヤッとするが、徐々に体が温まってくる。眺望は効かないが、超一級の秘湯を見つけた喜びが溢れる。

ようやく見つけた念願の硫黄泉。湯小屋内の足元湧出湯で気泡も多い

谷底の湯治場に入浴客がひしめき合う

パシェユ

DATA

英語名　Paxeyú
場　所　グアテマラ　トトニカパン県
注意点　入浴無料？ 療養客に迷惑をかけないように注意

自炊客が無言で浸かる異質な湯治場

パラチキートの少し手前に、これもまた驚きの温泉があった。どこまでも続くような階段を深い谷底まで降りると、コンクリートの柱にトタン板を載せただけの巨大な温泉浴場がある。

大小さまざまな浴槽が点在しているが、いずれも入浴客でぎっしり。何か所の浴槽があるかも不明だが、総勢１００名以上はいるだろうか。中高年が圧倒的に多いが、誰もが着衣のまま静かに浸かっている。照明はなく、昼間でも日が射さない。目が慣れるまで、どのような構造かもよくわからなかった。

さすがに浴槽に向けて写真を撮るのは憚られた。写真では中央の壁の奥から「U」の形の浴槽があり、壁の向こうに一人。手前に一人が洗面器を被って浸かっている。女性は湯を汲んで身体にかけていた。湯は澱んでいて、お世辞にも綺麗とは言えない。野菜や菓子も売っていて、奥の建物では自炊できるようだ。観光客などおらず、療養客が大半と思われた。

施設内には小さな川があり、その脇に一番大きな源泉槽があった。きれいな水色の湯で、壁際は白濁している。ここ以外にも源泉はあるようだが、部外者が自由に散策できる雰囲気でない。

グアテマラの他の温泉地のように笑顔で迎えてくれる人もなく、手浴びに留めた。とにかく異質な空間で、強く印象に残った。

流れ落ちる湯でかけ湯をする。手前では自炊客用の野菜を売っている

「⊂」型の浴槽に浸かる男性と手前でかけ湯をする女性

橋の近くの大きな源泉。鮮やかな水色で、浴槽の周囲は析出物で覆われている

ソ連時代の療養所の廃墟に湧く硫黄泉

アマグレバ

DATA

英語名　Amaghleba
場　所　ジョージア　イメレティ州
注意点　無料。冬はぬるくて入浴不可。いずれ壊れそう

ビニールの覆いの中は最高のボロ湯

本書で何度も登場するジョージアに、感涙もののボロ湯がある。ヴァニ温泉（116ページ）を探していると、「近くのアマグレバにも温泉がある」と老人が教えてくれた。「以前は賑わったが、今はほとんど利用されていない」とのこと。初めて聞く名前に魅かれ、ヴァニへ行く前に立ち寄ることにした。

首都のトビリシ方面へ少し戻り、アマグレバの村に入ると、うっそうとした木立の中に、巨大な建物の廃墟があった。ソ連時代の療養所（サナトリウム）の跡で、同様の施設が各地で廃墟化している（128ページ）。敷地内に入ると、すぐに強い硫黄臭を感じる。建物群の奥に源泉槽らしき施設を発見。段を上って、コンクリート壁の中を覗き込むと、目

今は廃墟となった療養所

ミルキーブルーの源泉槽

腐食しかけた一人用のバスタブでかろうじて入浴できる

にも鮮やかな硫黄泉で満たされていた。少し藻が浮いているものの、ミルキーブルーの濁り湯が美しい。ヴァニ温泉と同系の湯だ。

源泉槽から一本のパイプが伸びて、すぐ脇のポリ浴槽に注いでいる。木材で組んだ柱と梁に、ビニールシートを張って目隠ししただけの浴舎。シートの覆いを開いて、ポリ浴槽を発見した時の感動はひとしおだ。

今でも温泉好きが利用するそうだが、湯温は35℃以下。雨が降れば湯温は下がり、冬場の入浴は厳しい。源泉槽に微細なひびが入って湯が染み出しているので、いつまで持つかもわからない。一期一会の秘湯となった。

神の名を持つ源泉槽が7つ
アクロリ

DATA
英語名 Akloli
場　所 インド マハーラーシュトラ州
注意点 無料。湯は澱んできれいとは言い難い

温泉の数＝源泉井戸の数!?

ニンボリ温泉（76ページ）と同じく、タンザ（タナサ）川沿いにあるアクロリ温泉。この地域の中心であるヴァジュレシワリ寺院には、シヴァ神の妻で、ガネーシャの母のパールヴァティーを祭っている。「ヴァジュレシワリ寺院から半径5キロの範囲に21の温泉がある」との記述をウェブで発見。寺院で尋ねると、温泉はアクロリ村にたくさんあるという。

アクロリ村に着くと広大な河原があり、柱と屋根だけの簡素な建物が並んでいた。ここで服を着替えたり、休憩したり、軽食をとって入浴したりを繰り返しながら1日を過ごすのだという。「海の家」ならぬ「川の家」といった風情だ。筆者もいきなり3つの施設から呼び込みを受けた。

川の家の周囲には岩壁で囲われた

ヴァジュレシワリ寺院とその参道

川中の頑丈な石積み井戸からも湯が湧く

浴槽が空くとこんな感じ

頑丈な源泉井戸や、少し大きめの浴槽などが並ぶ。タンザ川の水位上昇や洪水を見越してか、井戸は非常に堅牢な造り。それぞれの井戸には太陽の神、月の神、火の神、風の神といった名前があり、日本でいえば、さしずめ「七福神の湯」とでもなろうか。

ここにある温泉は7つとのこと。21の温泉とは温泉地ではなく、「井戸」

の数だったのだ。広場の中央には大きな井戸がふたつ並んでいて、深さもある。浴槽としても使えるが、湧出量は多くなく、少し淀んだ感じ。無色透明、無臭で、足元湧出温泉のようだ。

びしょ濡れの服で楽しむ温泉浴

グループや家族単位で井戸に集まり、温泉に浸かったり、桶で汲んで服の上からかけ湯を楽しんだりしている。ザブンと浸かるのは男性のみで、女性はかけ湯が主流だ。歓談しながら温泉をしばし楽しむと、濡れた服のまま再び川の家へ戻る。高温多湿なので冷えることはないが、びしょ濡れの服でくつろげるのかが気になる。

観察していると、複数のグループが同時に井戸を利用することはない。川の家から井戸を眺めていて、空いたタイミングでやってくるようだ。

浴槽の周囲はきれいだが、地面や河原にはごみが散乱している。温泉に行くと、必ず口に含んで味や臭いを確認してみるのだが、さすがにその勇気がなく、足湯を楽しむだけにした。とはいえ、インドの温泉浴を間近で見られただけでも大収穫だ。

なお、アクロリ村の中心にあるヒンドゥー寺院の門前にも露天風呂があり、さらに6つの源泉井戸を確認できた。

入浴するというよりも、湯を身体にかけながら会話を楽しむ感じ

「川の家」の周囲にごみが散乱している

アクロリの寺院前にも
露天風呂がある

温泉の滝つぼにバスタブがふたつ

トゥトゥカウタブス

DATA
英語名　Tutucau Tubs
場　所　ニュージーランド　ワイカト地方
注意点　落石注意エリアのため、自己責任で対応

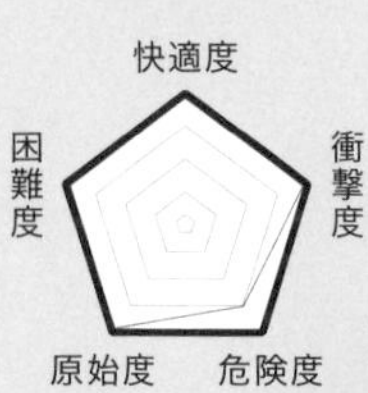

落石注意！　入浴は自己責任で

ニュージーランド最大の温泉町ロトルアの南にオラケイコラコ渓谷（88ページ）の地熱地帯がある。魅力的な隠れ湯がいくつかあるが、特にユニークなのがこの温泉。天然の湯滝の下に、誰が置いたかわからないポリ浴槽がふたつ。浴槽を意味する「タブス」という俗称で知られている。

ボートでしか行けないので、ツアー会社に問い合わせると、「頭上の巨石が落下する危険から、ツアーを中止している」との返事。断念しかけたが、温泉への熱意が通じたのか、後日一転してOKの返事をもらった。ただし、自己責任で参加するとの誓約書が必要だ。タブスは国道

渓谷ツアー用のボート

周囲には多くの温泉があり、噴煙も見える

温泉の滝つぼに無造作に置かれたバスタブ。
滝の湯をパイプにつないで湯を溜める

5号沿いの出発地点から、オラケイコラコに向かう中間にある。このため、ツアーの途中で下船し、帰りもボートで拾ってもらうことになった。

最前列に乗せてもらい、トゥトゥカウ川を進む。出発から40分後、活発な噴気が右手に見えると、ボートは舵を切る。船長が「ここだ」というので、川へ飛び降りる。他の乗客は「何をするのだろうか」と風変わりな日本人を眺めていた。水深は膝下程度、すでに川の水は温かい。

携帯電話は圏外。もし迎えに来てもらえなかったらと一抹の不安がよぎるが、温泉への好奇心にかき消されてしまう。岩場を上ると3畳程度の浅い池にバスタブがふたつ。目の前は落差5メートルの湯滝で50℃近い。パイプを滝に挿すと湯はすぐにバスタブに溜まる。湯加減は最高。感涙ものの露天風呂の完成だ。

リゾートアイランドの秘湯はポリ浴槽
カナラ

カナラまでは延々と山越えの道

DATA
英語名　Canala
場　所　ニューカレドニア　グランドテール島北部州
注意点　無人で無料。夜間は避けた方がよい

廃墟にかけ流しのハート型浴槽

南太平洋の島国ニューカレドニア。「天国に一番近い島」と評され、世界遺産に登録された美しいラグーンが有名だ。リゾートアイランドのイメージが強いが、とっておきの変わり種温泉がポツンとある。グランドテール島は世界中から訪れる観光客で賑わうが、島の北西部には手つかずの自然が広がっている。

中心都市のヌーメアから島の北側のカナラまで約2時間。途中からは完全な山道となる。やがて、カナラの10キロ程手前の広場に到着。今は

渓流沿いの露天風呂。地元の青年がモデルになってくれた

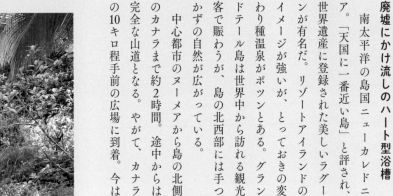

建物の残骸が散らばる廃墟だが、以前は入浴施設があったという。広場の奥の円形タンクから、はっきりとした硫黄臭が漂ってきた。

浴槽はふたつあるが、広場の中央にぽつんと置かれたポリ浴槽に目を奪われる。廃屋やバラックすらなく、ただポリ浴槽があるのみ。素朴湯好きにはこの上ない光景だ。

しかも、単なる長方形の浴槽ではなく、リゾートアイランドにふさわしいハート形なのが嬉しい。源泉タンクと浴槽をパイプで結んでいるため、浴槽内から温泉が湧き出している。うまく工夫したものだ。しかも湯量が豊富でかけ流しなので、適温の湯は新鮮できれい。いつまでも浸かっていられる。

もうひとつは渓流沿いの露天風呂。水色のタイル張りの浴槽に、パイプから勢いよく湯が注いでいる。地元の青年たちがやってきたので話を聞くと、夕方以降は混むとのこと。外国人が来たのは珍しいと笑顔で応対してくれた。

広場の中央にポツンと置かれたハート型の露天風呂

column

5

入浴できない温泉

日本で「温泉に行ってきた」といえば、「入浴してきた」と受け取って間違いない。だが、海外ではそうもいかず、諸々の事情で入浴できない温泉が少なくない。

①環境保護が優先される場合

アメリカのイエローストーンやトルコのパムッカレでは、一部の場所を除いて入浴禁止（50ページ）。人体に付着した菌や汚れ、化粧品などによる環境破壊を防ぐためだ。イエローストーンの公園内を移動していると、「この川はまさに適温だ」と心が騒いで服を脱ぎそうになるが、入浴はNG。森林警備員が巡回中で厳しく注意されるし、悪質な場合は罰則もある。

②宗教上の問題がある場合

大地から湧く温泉は、古代の人々にとって畏敬の対象。大切に保護されている聖地での入浴は厳禁だ。また、厳格なイスラム教の国では、女性が人前で肌をさらすことはなく、男性用の浴場しかない施設もある。

③入浴する施設がない場合

飲泉文化の発達したヨーロッパでは、飲泉場しかない温泉地も多い。一方、アジアや中東の暑い地域では、温泉は体を洗うためのかけ湯として使われる。立派な露天風呂があっても浸かってはいけない。

④不衛生で耐えられない場合

日本の入浴習慣は世界共通ではな

イエローストーン（アメリカ）では適温の場所が随所にある

い。洗い場がないため、浴槽内でシャンプーや歯磨きをする国も多く、白濁していてもそれが硫黄泉とは限らない（146ページ）。中には、ごみや浮遊物、はては汚物が漂っている温泉すらある。いくら温泉バカでも入浴をためらう。

⑤ 安全が保証されない場合

落石や橋の崩落、火山の噴火等で、温泉に立ち入れなくなることがある（86ページ）。また、パスポートや貴重品を身体から離すのが危険に感じられるときは、服を脱いでの入浴を断念する。温泉は生命と天秤にかけるほど重要ではない。

高地では高山病に気をつけよう

チベットや南米のアンデス山中では4000メートル以上の高地に温泉が湧いている。高地で体調が悪い時の入浴は命とりとなるし、高地に限らず慣れない海外で体調が優れない時は大事をとりたい。

入湯数にこだわりすぎないように

筆者自身、入湯数を増やすのを生きがいにする温泉バカの一人だった。浴槽がなければ、河原を掘ってビニールシートを敷いて即席の浴槽を作り入浴したこともある。だが、これは裸で露天の温泉に入る「習慣」のある日本だから許される行為。海外ではトラブルになる可能性がある。その土地の文化や慣習を尊重し、入浴できない場合は、飲泉や見学だけも楽しめる気持ちで旅する必要がある。

ウルスリム温泉（マレーシア）。大量の高温泉は未利用

タイのプールンピー温泉。暑い地域では温泉池の湯を桶で汲み、かけ湯として利用する

海外の温泉に出かける前に

温泉は生きている。析出物の日々かたちを変えていくし、地震で温泉が枯渇してしまうこともある。災害やテロで地域の治安が悪化すると、温泉はそのままでも、行けなくなってしまう。コロナ禍で観光業は大打撃を受け、廃業してしまった温泉施設は海外でも少なくない。

筆者はこれまでに何度も海外へ出かけているが、生命に関わるような危険な目に遭ったことはない。たまたま幸運だったのかもしれないが、安全に旅するには、現地の情報をできるだけ正確に集める必要がある。

まずは、外務省の海外安全情報のサイトを調べてみる。各国の安全レベルが5段階で色分けされている。同じ国の中でも、地域によって安全レベルは一緒ではない。島国の日本人には理解しにくいが、「隣のA国との国境地帯はテロや誘拐が多発しているが、B国との国境地帯は安全」「Cのエリアは独立運動が盛んで、混乱が生じやすい」などと、地域によって危険度が異なる国の方が多数派である。

より詳細な現地の情勢については、専用車を確

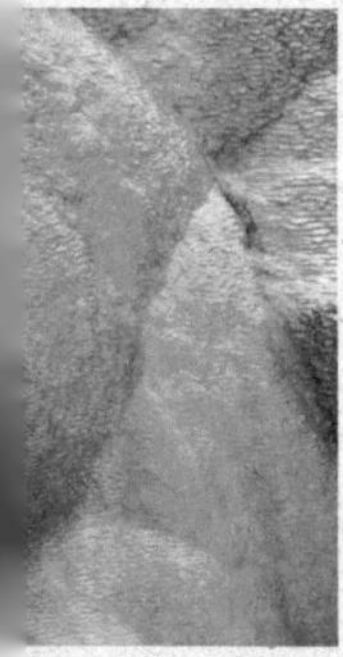

保するついでに、現地の旅行会社とメールなどでやりとりするのが一番確実だ。日系の旅行会社があれば申し分ないが、なければ英語でのやりとりとなる。ハードルが高いと感じるかもしれないが、事務的な確認事項が中心だし、今は翻訳ソフトの品質も向上している。現地でコンタクトパーソンを確保しておくと、突然のアクシデントにも対応してもらいやすい。

天候は温泉旅行の楽しみを大きく左右する。これればかりは、運を天に任せるしかないが、やれることはある。世界には雨季と乾季という2つの季節しかない国が多い。各月の気温や降水量を示すサイトを参考に、ベストなシーズンを狙うとよい。とはいえ、「その日が晴れか雨か」は予測できない。筆者は「何が何でも行きたい温泉」を訪ねる時は、できるだけ近くに宿にとり、到着日と翌日のうち、天気の良い日に訪ねるようにしている。

海外旅行時の安全確保については、国別、地域別のガイドブックなどでも詳しく説明されている。「安全」を意識して「快適」な旅を楽しんでほしい。

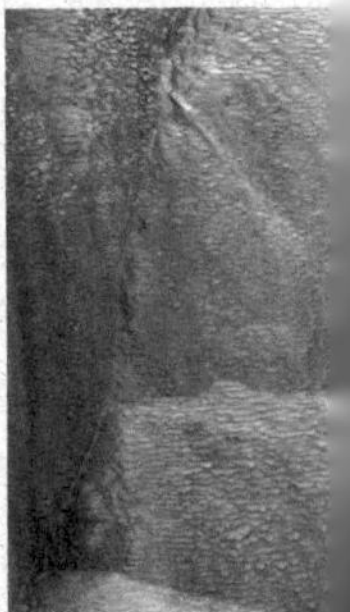

おわりに

海外の温泉について話をすると、決まって「どの国の温泉が一番よいか」と聞かれる。答えはやはり「日本」しかない。パスポートや金品の管理に気を遣うこともなく、フライトスケジュールの大幅な遅延やキャンセルに悩まされることもまずない。浴衣姿で一杯飲んで、食後にまったりと浸かる温泉はまさに「至福のひととき」である。

もちろん海外旅行でも、「ビーチリゾートで何もせず、のんびりする」のを楽しみたいという人もいる。だが、「非日常的な環境で、ドキドキ・ワクワクしたい」、「いつか行ってみたいと思っていたあの景色を見たい」、「文化の違いを学び成長したい」などの理由が上位を占める。本書の温泉も同じで、国内の「まったり、のんびり温泉旅」とは別の軸で理解してほしい。情報過多な現代にあっても、日本人が知らない魅力的な温泉が、世界にはこんなにあることを知ってもらえたら嬉しい。

出版までには、本当に大勢の人のお世話になった。各国で温泉旅を支えてくれた旅行会社、ドライバー、ガイド、海外在住の日本人の皆さんの協力は本書の支えとなった。

すべての人々への謝辞を記すことはできないが、「特集」で扱った国だけでも、スントロさん、田野原さん（インドネシア）、ルルアさん（ジョージア）、リリアさん（アルメニア）、松本さん、金子さん（グアテマラ）には大変お世話になった。

また、「どうせ今回も変わった温泉を仕込んでいるでしょう」と言いながら付き合ってくれたり、「そんな危険そうなところ、一人で行ってきて」と快く送り出してくれたりした妻と、物心がつかないうちから、国内外の温泉に連れていかれては、大はしゃぎで楽しんでくれた息子には感謝の言葉しかない。

最後に、このような風変わりな本の出版を決心してくれた「みらいパブリッシング」の皆様に心からの御礼を申し上げる。

筆者の訪れた海外の温泉のうち、掲載できたのは5パーセントにも満たない。いつか、他の名湯・秘湯・珍湯を紹介する機会があれば嬉しく思う。

2023年6月

鈴木 浩大

本書で紹介した温泉

（縮尺の関係から、地図上の位置は必ずしも正確でない）

・行の冒頭の「◎」は目次に記載した温泉、「◇」は各章の「楽しみ方」「特集」「コラム」で紹介した◎以外の温泉である。
・【 】内に温泉の特徴に関するキーワードを示した。
・特別な説明のない限り、「時間」は車を利用した際の標準的な時間を示している。

南北アメリカ

<カナダ Canada >

◎ホットスプリングアイランド Hot Spring Island, ブリティッシュコロンビア州 British Columbia, ハイダ・グワイ Haida Gwaii：島の中心地クイーンシャーロット・シティから水上飛行機で 40 分【景観：海】p.66

<アメリカ合衆国 United States of America >

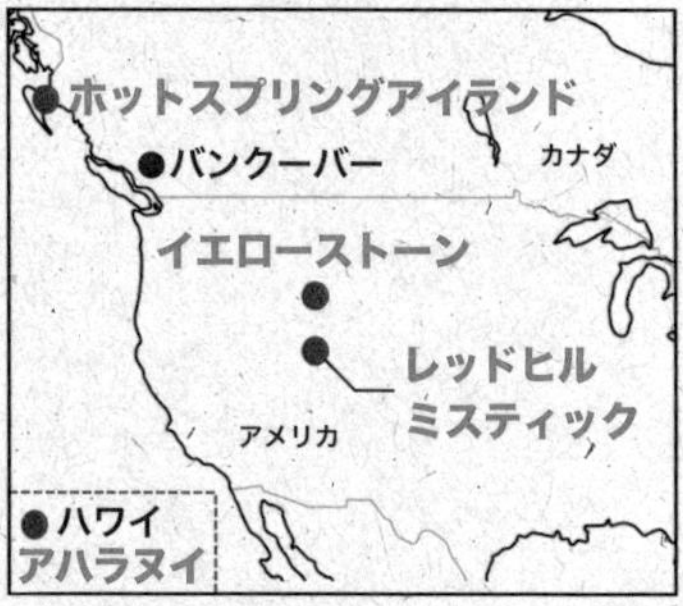

◇ミスティック Mystic, ユタ州 Utah：ソルトレイクシティ空港から 3 時間【析出物】p.11

◎レッドヒル Red Hill, ユタ州 Utah：ソルトレイクシティ空港から 3 時間、ミスティックから約 1 キロ【析出物】p.36

◇イエローストーン Yellowstone National Park, ワイオミング州 Wyoming：ウェストイエローストーン、ボーズマン、ジャクソンなどの周辺空港からアクセス可【景観：川、色：各色、析出物】p.50, 115, 164

◇アハラヌイパーク Ahalanui park, ハワイ州 Hawaii：ハワイ島ヒロ空港から 1 時間 20 分【景観：海】p.86

<メキシコ Mexico >

◎エル・ヘイセル El Geiser, イダルゴ州 Hidalgo：メキシコシティから 3 時間【噴泉】p.106

<グアテマラ Guatemala >

※グアテマラの詳細は 144 ページ

◇フィンカパライソ Finca el Paraiso, イサバル県 Izabal：グアテマラシティ空港から 6 時間【景観：川・滝】p.51

◇フェンテスヘオロヒナス Fuentes Georginas, ケツァルテナンゴ県 Quetzaltenango：グアテマラシティ空港から 4 時間半【景観：山、色：緑】p.115

◎グアカ La Guaca（現地では単に「風呂」＝バニョス ,Baños), トトニカパン県 Totonicapan：行き方：グアテマラシティ空港から 4 時間【変わり種】p.146

◎パラチキート Palá Chiquito, トトニカパン県 Totonicapan：グアテマラシティ空港から4時間半【変わり種】p.148

◎パシェユ Paxeyú, トトニカパン県 Totonicapan：パラチキートの約2キロ手前【変わり種】p.152

＜コスタリカ Costa Rica＞

◎ボリンケン Borinquen（宿：ボリンケン・サーマル・リゾート Borinquen Thermal Resort), グアナカステ州 Guanacaste：サンホセ空港から4時間半【噴泉】p.108

＜チリ Chile＞

※チリの詳細は54ページ

◎プジュアピ Puyuhuapi（宿：Puyuhuapi Lodge & Spa), アイセン・デル・ヘネラル・カルロス・イバニェス・デル・カンポ州 Aisén del General Carlos Ibáñez del Campo：コジャイケ空港から4～5時間の専用船着き場からボートで10分【景観：海】p.56

◎ジャンカウェ（リャンカウェ）Llancahué, ロスラゴス州 Los Lagos：プエルトモンから3時間のオルノピレンへ。そこから送迎ボート30分【景観：海】p.60

◎カウェルモ Cahuelmó, ロスラゴス州 Los Lagos：ジャンカウェ島か貸切りボートで1時間半。オルノピレンから2時間。ポルセラナ Porcelana はジャンカウェからボートで2時間、両温泉間は1時間半【景観：海】p.62

◎ヘオメトリカス Geométricas, ロスリオス州 Los Ríos：プコン空港から2時間【景観：山】p.70

◎コリーナ Colina, 首都州 Metropolitana de Santiago, サンホセデマイポ San José de Maipo：サンティアゴ空港から2時間半【色：青白】p.134

◎モラレス Morales, 首都州 Metropolitana de Santiago, サンホセデマイポ San José de Maipo：サンティアゴ空港から2時間10分。コリーナ温泉から20分【色：オレンジ】p.136

アジア

＜インド India＞

◎ニンボリ Nimboli, マハーラーシュトラ州 Maharashutra：ムンバイ空港から車で2時間30分【景観：川】p.76

◎アクロリ Akloli（アカロリ Akaloli とも), マハーラーシュトラ州 Maharashutra：ムンバイ空港から2時間半【景観：川、変わり種】p.156

＜タイ Thailand＞

◇バーンヤンプート Ban Yang Puto, チェンマイ県 Chiang Mai：チェンマイ空港から2時間【変わり種】p.140

◇プールンピー Phru Lum Phi, ラノーン県 Ranong：ラノーン空港から15分【かけ湯】p.164

<マレーシア Malaysia >

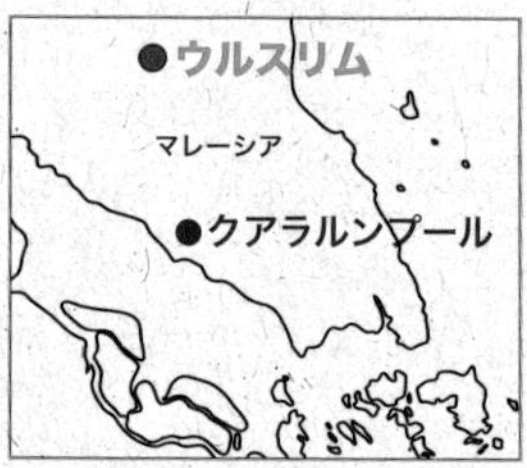

◇ウルスリム Ulu Slim, ペラ州 Perak：クアラルンプール空港から 2 時間【色：橙】p.165

<インドネシア Indonesia >

◇ティルタサニタ Tirta Sanita, 西ジャワ州 Jawa Barat, ボゴール県 Bogor：ジャカルタ空港から 1 時間 20 分【析出物、色：白】p.11

※スマトラ島の詳細は14ページ

◇パングルラン Pangururan, 北スマトラ州 Sumatera Utara, サモシール県 Samosir：メダンから 5 時間、ブラスタギから 3 時間 40 分【景観：湖】p.13

◇ブラスタギ Berastagi, 北スマトラ州 Sumatera Utara, カロ県 Karo：メダン空港から 2 時間 50 分【景観：山】p.13

◎ティンギラジャ Tinggi Raja, 北スマトラ州 Sumatera Utara, シマルングン県 Simalungun：メダン空港から 5 時間。四輪駆動車以外は到達困難【析出物、色：青、白、景観：滝】p.16

◎シポホロン Sipoholon (別：リアリア Ria Ria), 北スマトラ州 Sumatera Utara, 北タパヌリ県 Tapanuli Utara：トバ湖畔パングルランから 2 時間半【析出物】p.20

◎ラウデブッデブッ Lau Debuk Debuk, 北スマトラ州 Sumatera Utara, カロ県 Karo：ブラスタギから 30 分【析出物、色：青】p.24

◎グヌンペイエッ Gunung Peyek, 西ジャワ州 Jawa Barat, ボゴール県 Bogor：ジャカルタ空港から 1 時間半。ティルタサニタから 10 分【析出物】p.38

◎バトゥラデン Baturaden, 中部ジャワ州 Jawa Tengah, バニュマス県 Banyumas：州都スマランから 4 時間。観光客の多いジョグジャカルタから 5 時間【析出物、景観：滝】p.40

◇チソロック Cisolok, 西ジャワ州 Jawa Barat, スカブミ県 Sukabumi：ジャカルタ空港から 5 時間【噴泉】p.88

◎プロサリ Pulosari, 中部ジャワ州 Jawa Tengah, バンジャルヌガラ県 Banjarnegara：ジョグジャカルタ空港から 4 時間【色：青白】p.130

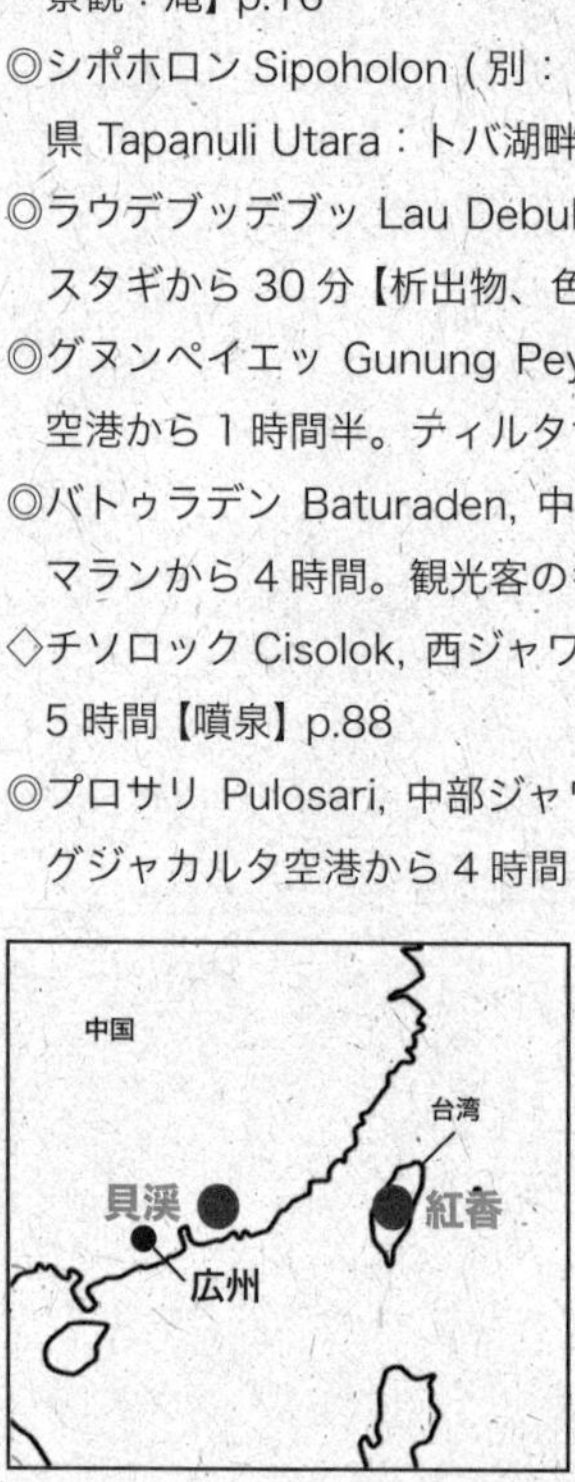

<台湾 Taiwan, 中華民国 Republic of China >

◇紅香 ホンシャン Hóng Xiāng, 南投県 Nántóu：台北から 4 時間半【変わり種】p.140

<中国 China >

◎貝渓 Bèi xī, 広東省 Guǎngdōng, 和平県 Héping：広州から 4 時間半【析出物】p.44

中東・アフリカ

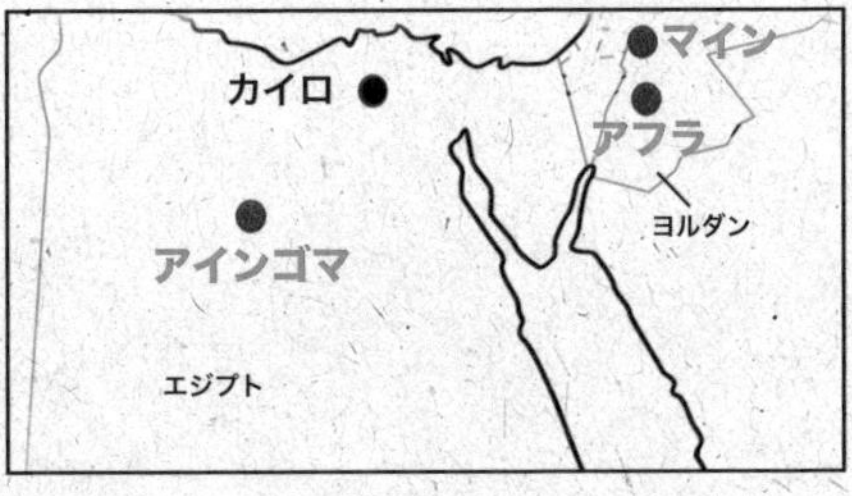

＜ヨルダン Jordan ＞

◇マイン Ma'In (Hammamat Ma'In), マダバ県 Madaba：アンマン空港から１時間【景観：滝】p.51

◎アフラ Afra (Hammamat Afra), タフィラ県 Tafilah：アンマン空港から２時間【景観：川】p.78

＜エジプト Egypt ＞

◎アインゴマ Ain Gomaa, ギザ県 Giza, アルヘイズ Al Hayz：カイロ空港から７時間【景観：砂漠】p.84

ヨーロッパ

＜アイスランド Iceland ＞

◇ブルーラグーン Blue Lagoon, 南西アイスランド Southern Peninsula, グリンダヴィーク Grindavík：レイキャビクから45分, ケプラヴィーク空港から20分【色：青白】p.114

◇クラプラ Krafla, 北アイスランド東部 Northland East, クラプラ Krafla：アークレイリから１時間半【変わり種】p.141

◇クヴィカ Kvika, レイキャビク市内 Reykjavík：セルチャルトナルネース海岸 Seltjarnarnes【変わり種】p.141

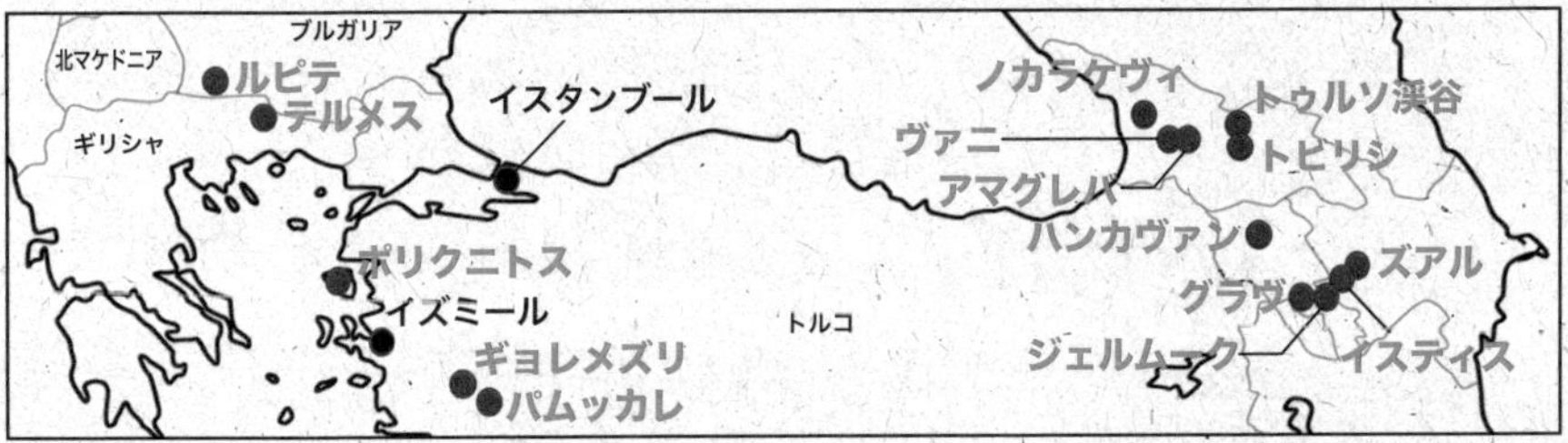

※コーカサスの詳細は92ページ

＜ギリシャ Greece (Hellas) ＞

◎ポリクニトス Polichnitos, 北エーゲ地方 North Aegean, レスボス島 Lesbos：島の玄関口ミティリーニ空港から 50 分【析出物】p.28

◎テルメス Thermes, 東マケドニア・トラキア地方 Eastern Macedonia and Thrace, クサンティ市 Xanthi：ギリシャ北部の中心都市テッサロニキから３時間半【析出物】p.30

<トルコ Turkey >

◇パムッカレ Pamukkale, デニズリ県 Denizli：デニズリ空港から 1 時間【析出物 , 色：青白】p.10

◎ギョレメズリ Gölemezli, デニズリ県 Denizli：パムッカレから 30 分。デニズリ空港から 1 時間 20 分【析出物、色：茶】p.34

<ブルガリア Bulgaria >

◎ルピテ Rupite, ブラゴエヴグラト県Blagoevgra, ソフィアから 2 時間 10 分。ギリシャのテッサロニキからも 2 時間【景観：川・池】p.80

<ジョージア（旧グルジア）Georgia >

◇トビリシ Tbilisi, トビリシ市 Tbilisi：トビリシ市内。空港から 25 分【伝統的】p.90

◎ノカラケヴィ Noqalaqevi (Nakalakevi), サメグレロ＝ゼモ・スヴァネティ州 Samegrelo-Zemo Svaneti：トビリシから 4 時間、クタイシから 4 時間半【析出物、噴泉】p.94

◎ヴァニ Vani, イメレティ州 Imereti：トビリシから 4 時間、クタイシから 45 分【色：青白色、析出物】p.116

◎トゥルソ渓谷 Truso Gorge, ムツヘタ＝ムティアネティ州 Mtskheta-Mtianeti：トビリシから最奥のケトゥリシ村 Ketrisi まで 4 時間【析出物、色：赤・黄・オレンジ】p.118

◎アマグレバ Amaghleba, イメレティ州 Imereti：ヴァニから 10 分【変わり種、色：青白】p.154

<アルメニア Armenia >

◎グラヴ Grav, ヴァヨツゾル地方 Vayots Dzor：エレバンから 2 時間 ,【析出物、気泡湯】p.98

◎ジェルムーク Jermuk, ヴァヨツゾル地方 Vayots Dzor：エレバンから 3 時間、グラヴから 1 時間 ,【析出物、気泡湯】p.100

◎ハンカヴァン Hankavan (宿：ナイリホテル・スパリゾート Nairi Hotel Spa Resort), コタイク地方 Kotayk：エレバンから 1 時間半【析出物、気泡湯、色：黄橙】p.122

<アゼルバイジャン Azerbaijan >

◎ズアル Zuar, キャルバジャル県 Kalbajar：ハンケンディ Khankendi から 3 時間【析出物、気泡湯】p.104

◇ハク Hak, ラチン県 Lacin：ハンケンディから 2 時間半【噴泉】p.112

◎イスティス Istisu, キャルバジャル県 Kalbajar：ハンケンディから 3 時間【析出物、噴泉、色：緑】p.126

オセアニア

<ニュージーランド New Zealand >

◇ホットウォータービーチ Hot Water Beach, ワイカト地方 Waikato：オークランド空港から車で 2 時間半【景観：海】p.50

◎カフィア Kawhia, ワイカト地方 Waikato：オークランド空港から 2 時間 45 分【景観：海】p.74

◇オラケイコラコ Orakei Korako, ワイカト地方 Waikato：ロトルアから 1 時間【噴泉】p.88
◇ワイタンギ Waitangi Soda Springs, ベイ・オブ・プレンティ地方 Bay of Plenty：ロトルアから 40 分【気泡湯】p.89
◎ナファ Ngawha, ノースランド地方 Northland：オークランド空港から 4 時間【気泡湯】p.110
◎トゥトゥカウタブス Tutucau Tubs, ワイカト地方 Waikato：ロトルアから 30 分のワイカト川沿い船着き場からオラケイコラコ Orakei Korako 方面へボートで約 40 分。【変わり種】p.160

<ニューカレドニア New Caledonia (フランスの海外領土) >

◎カナラ Canala, グランドテール島 Grand Terre Island, 北部州 Province Nord：南部州の州都ヌーメアから 2 時間【変わり種】p.162

<フィジー Fiji >

◎ロウアー・ブサ Lower Busa, ビティレブ島 Viti Levu, バラビ Baravi：ナンディ空港から 2 時間でナビティ・リゾート。ここから車と徒歩で 1 時間【景観：山】p.82

鈴木浩大（すずき・こうだい）

絶景温泉探検家

1962年神奈川県生まれ。
学生時代からの旅好きで、人生の半分以上を温泉旅に費やしてきた。
21世紀に入る頃には海外の温泉に興味をもつようになり、
これまでに訪ねた海外の温泉は46か国、約1200か所。
還暦を迎え体力の衰えは著しいが、
次回作執筆に向けアフターコロナの温泉旅を計画中。

ビジュアルガイドシリーズ

ほぼ本邦《ほんぽう》初《はつ》紹介《しょうかい》！
世界《せかい》の絶景《ぜっけい》温泉《おんせん》

2023年6月21日　初版第1刷

著　者　鈴木浩大
発行人　松崎義行
発　行　みらいパブリッシング
〒166-0003 東京都杉並区高円寺南4-26-12 福丸ビル6階
TEL 03-5913-8611　FAX 03-5913-8011
https://miraipub.jp　MAIL info@miraipub.jp
編　集　松下郁美
ブックデザイン　洪十六
発　売　星雲社（共同出版社・流通責任出版社）
〒112-0005 東京都文京区水道1-3-30
TEL 03-3868-3275　FAX 03-3868-6588
印刷・製本　株式会社上野印刷所

ISBN978-4-434-32094-1 C2026